JN200947

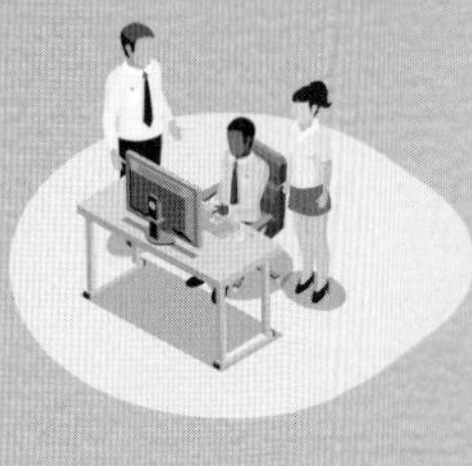

現場の視点で疑問に答える

収益認識

会計・法務・税務

公認会計士
貝
公認会計士
照井
公認会計士
西澤
公認会計士
三上

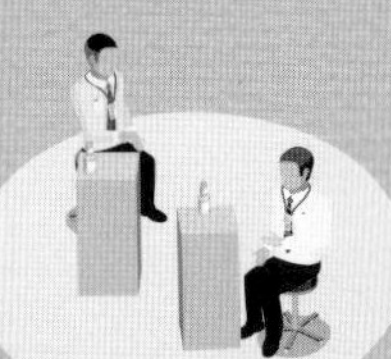
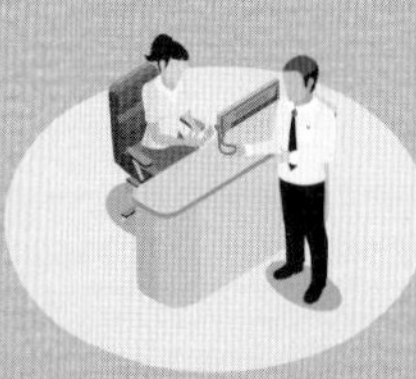

清文社

はじめに

2021年4月1日以後開始する連結会計年度及び事業年度の期首より、収益認識に関する会計基準及びその適用指針（以下、「当会計基準等」）が適用になります。企業によっては、収益の額及び認識時期に非常に大きな影響を与えることとなり、既に影響額調査や、業務フロー・システム変更に着手している企業もあるかと思います。

本書は、当会計基準等について、適用の検討や実際の導入について、その実務に沿った流れを意識して解説しています。いち会計基準の改正ではあるものの、法人税法がこれに平仄を合わせる形で改正されたことや、一方で消費税法には変更がないため法人税法と異なる論点が生じるなど、税務においては煩雑な処理を要することになります。また、企業にとって最も重要な「収益」に関しての論点であり、企業への影響が非常に大きいものです。契約関係やシステムの見直しなども必要であり、対応に時間がかかる項目もあります。このように、会計実務にとどまらず、法務や税務へも大きな影響が及ぶことになりますが、会計基準や処理自体についての解説書は多いものの、これらを実務的な観点から、概念の解説の枠を超えて解説している書籍はまだ少ないように感じています。そこで、会計・法務・税務を一体的に捉え、それぞれの論点について、実務のプロセスや思考にフォーカスして解説を進めることで、真の実務に直結した内容を可能としました。

特に、ステップ1～5を図解し、それぞれに関する設問（Chapter3）を示すことで、必要な部分から読めるようにしています。また、主な論点を扱った設問（Chapter3）について、それぞれのステップを確認できるようにしてあり、同時点で想定される他の論点についても気づきを得られるようにしました。

なお、多くの企業が最終準備段階に入る時期を意識し、当会計基準等が参考としている国際財務報告基準（IFRS）第15号「顧客との契約から生じる収益」が、IFRS 適用会社に最初に強制適用された 2018 年 12 月期の開示例も記載しています。

なお、便宜上、本書における消費税率はすべて 10%としています。

実務を念頭においた書籍となっておりますので、既に準備に着手されている企業にとっても、実務上の問題点・疑問点について、本書を少しでも参考にしていただければ幸いです。そして、本書が少しでも皆様のお役に立てれば非常に嬉しく思います。

最後になりましたが、本書の会計に関する記載についてアドバイスをくださいました公認会計士 布施伸章氏、法務に関する記載についてアドバイスをくださいました弁護士・公認会計士 片山智裕氏、企画から刊行に至るまで担当してくださいました株式会社清文社 中村麻美氏に心より感謝を申し上げます。

2019 年 9 月

公認会計士・税理士　貝沼　彩
公認会計士・税理士　照井 慎平
公認会計士・税理士　西澤 拓哉
公認会計士・税理士　三上 光徳

目次

Chapter 1
会計基準の概略と全体像Q＆A

Q1-1
「収益認識に関する会計基準」及び「収益認識に関する会計基準の適用指針」（以下、「当会計基準等」という）の適用範囲を教えてください。…… 2

Q1-2
当会計基準等の適用までにどのような準備が必要ですか？…… 3

Q1-3
全体像を簡単な事例とともに教えてください。…… 16

Q1-4
ステップ 1 の概略を教えてください。…… 18

Q1-5
ステップ 2 の概略を教えてください。…… 24

Q1-6
ステップ 3 の概略を教えてください。…… 26

Q1-7
ステップ 4 の概略を教えてください。…… 28

Q1-8
ステップ 5 の概略を教えてください。 …… 30

Q1-9
実現主義とどう変わるのですか（総論）？ …… 34

Q1-10
重要性との関係はどのように考えるのですか？ …… 36

Chapter 2
会計基準と税法の異同点Q＆A

Q2-1
会計上の取扱い及び税務上の取扱いについて
全体像を教えてください(処理一覧表)。 …… 40

Q2-2
法人税法上の益金算入時期の
考え方について教えてください。 …… 43

Q2-3
法人税法上の益金算入単位の
考え方について教えてください。 …… 45

Chapter 3

具体的事例Q＆A

Q3-1
契約が変更（工事の途中で契約が変更）になった場合、
これまでと何が変わるのですか？ Step1 ……… 48

Q3-2
履行義務の識別から売上の計上時期について
教えてください（サイズ直しの場合）。 Step2 ……… 52

Q3-3
履行義務の識別から売上の計上時期について
教えてください（オンラインゲームの場合）。 Step2 ……… 56

Q3-4
取引価格を配分する場合は
どうするのですか？ Step4 ……… 59

Q3-5
最頻値法と期待値法の具体的計算方法を
教えてください。 Step3 ……… 64

Q3-6
一定期間にわたり収益認識するのは
どのような場合ですか？ Step5 ……… 66

Q3-7
リベートの支払がある会社は収益の金額について
これまでと何が変わるのですか？ Step3 ……… 70

Q3-8
返品される可能性のある販売取引を行う会社の
収益の金額はどう変わるのですか？ Step3 ……… 74

Q3-9
販売後に企業が顧客（あるいは顧客の顧客）に対して
対価を支払う場合、これまでと何が変わるのですか？
Step3 ……… 80

Q3-10
自社ポイントを発行している会社は収益の金額について
これまでと何が変わるのですか？ Step2 ……… 84

Q3-11
共通ポイントを付与している会社は収益の金額について
これまでと何が変わるのですか？ Step2 ……… 89

Q3-12
製品の保証を行っている会社は
今までと何が変わるのですか？ Step2 ……… 92

Q3-13
消化仕入、代理業、媒介業を行っている会社は今までと
何が変わるのですか？（本人と代理人の区分） Step2 ……… 98

Q3-14
入会金等返還不要な顧客からの支払についての処理は
今までと何が変わるのですか？ Step5 ………105

Q3-15
ライセンスの供与はどのように
会計処理するのですか？ Step2,5 ………110

Q3-16
ソフトウェアを販売している会社への影響を教えてください。
（使用権かアクセス権か。
その判定はどのように行うのか？） Step2,5 ……… 112

Q3-17
特許権等の知的財産を使う権利（ライセンス）を付与する契約が
財・サービスを提供する約束と別個のものでない場合、
どのように会計処理するのですか？ Step2,5 ……… 117

Q3-18
知的財産のライセンス供与に対して受け取る売上高又は
使用量に基づくロイヤルティは
どのように会計処理するのですか？ Step2,5 ……… 122

Q3-19
自社商品券を発行している会社は、収益の計上の金額及び
認識のタイミングについて
今までと何が変わるのですか？ Step2 ……… 127

Q3-20
有償支給取引の会計処理は
どのように変わるのですか？ Step5 ……… 131

Q3-21
委託販売取引に該当するか否かは
どのような指標で判断されるのですか？ Step5 ……… 137

Q3-22
請求済未出荷契約がある会社は、収益の認識時点に関して
今までと何が変わるのですか？ Step5 ……… 140

Q3-23
顧客の検収が完了するまで顧客が支配を獲得しない場合とは
どのような場合ですか？ Step5 ……… 143

Q3-24
配送活動の取扱いについては
どのように変更されるのですか？（国内販売の場合）
Step2 ……… 146

Q3-25
配送活動の取扱いについてはどのように
変更されるのですか？（輸出がある場合） Step2 ……… 154

Q3-26
工事契約や受注制作ソフトウェアにおける
進行基準の要件はどう変わるのですか？ Step5 ……… 157

Q3-27
割賦販売取引など、入金までの期間が長い売上取引を行う会社の
金利相当分の調整方法はどう変わるのですか？ Step3 ……… 162

Q3-28
前受金に重要な金融要素が含まれる場合、
どのように会計処理を行いますか？ Step3 ……… 168

Q3-29
当会計基準等は、重要性等で取扱いが
変わることはないのですか？ Step1 ～ 5 ……… 172

資料
影響度調査における論点一覧表

・製造業 …… 184

・小売業 …… 186

・物流業 …… 188

・不動産業 …… 190

・ソフトウェア業 …… 192

・メディア業 …… 194

＊コラム
適用初年度に原則的な取扱いをしたミルボン社　14
契約量の見直しをしましょう　46
履行義務の充足時点に関するデータがあるか !?　58
経理での実務的な対応　63
メーカーが行うキャッシュバック　83
売上が激減するかも !?　純額（ネット）表示のインパクト　104
会計処理の変更による影響　礼金・更新料　109
フランチャイザー（貸手）の収益表示　126
有償支給に伴う負債の計上 ?!　136
強正のある権利　161
実効金利法とは？　166
代金の支払タイミングと金融要素の関係　171

＊本書は、2019 年 8 月末現在の法令等によっています。

凡例

- 当会計基準等………「収益認識に関する会計基準」及び「収益認識に関する会計基準の適用指針」
- 会計基準……………収益認識に関する会計基準
- 適用指針……………収益認識に 関する会計基準 の適用指針
- 法……………………法人税法
- 法基通………………法人税基本通達
- 消基通………………消費税法基本通達

Chapter 1

会計基準の概略と全体像Q&A

Q1-1

「収益認識に関する会計基準」及び「収益認識に関する会計基準の適用指針」（以下、「当会計基準等」という）の適用範囲を教えてください。

Answer.

当会計基準等は、以下の図に示される６つの基準、契約又は取引等を除いた、顧客との契約から生じる収益に関する会計処理及び開示に適用されます。

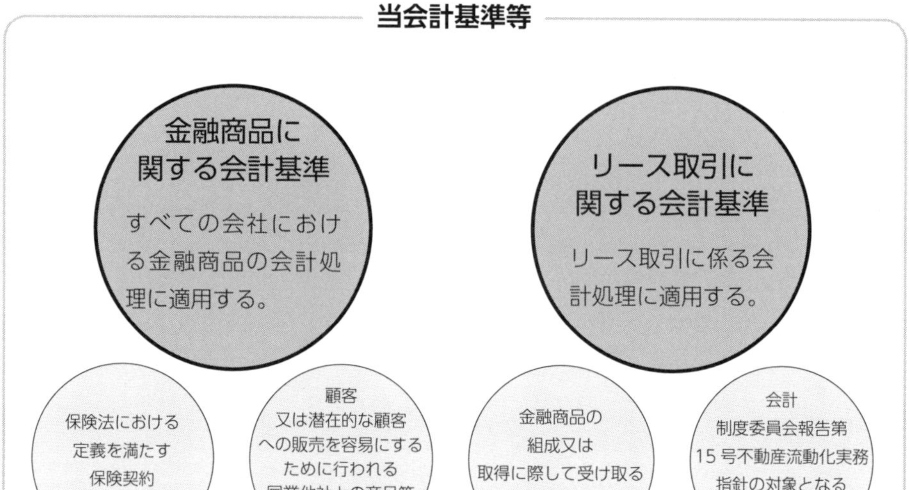

当会計基準等

金融商品に関する会計基準
すべての会社における金融商品の会計処理に適用する。

リース取引に関する会計基準
リース取引に係る会計処理に適用する。

保険法における定義を満たす保険契約

顧客又は潜在的な顧客への販売を容易にするために行われる同業他社との商品等の交換取引

金融商品の組成又は取得に際して受け取る手数料

会計制度委員会報告第15号不動産流動化実務指針の対象となる不動産の譲渡

Q1-2

当会計基準等の適用までにどのような準備が必要ですか？

Answer.

・影響度調査をできるだけ早く開始することが必要です。
・KAM（監査上の主要な検討事項）への対応も視野に入れます。

1…概 略

3月決算会社かつ当会計基準等を早期適用しない場合を前提にする（以下、同様）と、当会計基準等は2022年3月期決算から適用されます。

また、金融商品取引法の監査報告書に2021年3月期からKAMの記載が求められますが、多くの会社で収益認識がKAMに該当することが予想されるため、KAMへの対応も視野に入れる必要があります。

当会計基準等の適用までの準備スケジュールのイメージは、下図の通りです。

	2020年3月期	2021年3月期	2022年3月期
影響度調査等	→		
システム対応等	→	→	
本番テスト		→	
適用			→

2…準備作業

(1) 2020年3月期に準備すること～本社経理～

① 当会計基準等の理解

まずは、経理部で当会計基準等の内容を理解します。理想を言えば全員ですが、少なくとも現場をコントロールする経理課長と売上担当者は必須と言えるでしょう。

② マネジメント部門へのプレゼン

トップラインの数字がどうなるかはマネジメント部門としても非常に気になるところです。したがって、当会計基準等の対応プロジェクトを始めるにあたり、マネジメント部門に売上の計上方法がいつから、どのように変わるかをプレゼンし、ある程度は理解してもらう必要があります。

③ 影響度調査

当会計基準等を適用すると、どのような影響が生じるのかの調査をします。当会計基準等には、具体的に○○を作成しなければならないという規定はありませんが、当会計基準等適用後に従来の処理と異なる処理をすると予測される取引（論点）について、どの程度の金額的影響が見込まれるのかを調査した結果を文章にして整理しておくことは必須です。資料に主な業種ごとに、代表的な取引と論点のマトリックスを掲載していますので参考にしてください。

影響度調査の結果は、マネジメント部門への報告、影響度調査後の作業の優先順位決定、業務フローやシステムを変更するか否かの意思決定及び注記に何を記載するかの検討等に役立ちます。

④ プランニング

影響度調査の結果を踏まえ、自社に必要な論点への対応を洗い出してプロジェクトの計画を立案します。

⑤ 予算計上

システム改修費用、コンサルティング費用及び追加の監査報酬等実費がかかる場合には来年度の予算に計上してマネジメント部門の承認を得る必要があるでしょう。

⑥ 内部統制対応

現状の会計処理と異なる処理が必要となるか、あるいは、結論が同じでも判断のプロセスが異なれば業務プロセス統制の変更が必要になります。また、システムの改修を行ったらIT統制の変更が必要になる場合も考えられます。その場合、合わせてリスク・コントロール・マトリックス等の文書化資料更新や更新後の内部統制の整備運用状況の評価も必要となります。なお、2021年3月期以降も継続的な対応が必要です。

⑦ 開示対応

当会計基準等（2019年7月末時点）では、主要な事業における主な履行義務の内容及び当該履行義務を充足する通常の時点（収益を認識する通常の時点）の注記が求められているのみで、IFRS第15号「顧客との契約から生じる収益」（2014年5月公表）（以下、「IFRS15号」という）で定められている多くの注記事項については2022年3月期の適用時までの検討事項とされています。しかしながら、IFRS15号と同等の注記が求められた場合に備えて（あるいは、IFRS15号と同等の注記になることが決定したら否応なしに）、その内容を事前に理解しておく必要があります。IFRSを適用している会社や当会計基準等を早期適用している会社の開示例が参考になるでしょう。

⑧ 対応時期

四半期毎の決算及び予算編成等、経理部の繁忙期の合間を縫っての対応となることも十分に考慮する必要があります。

(2) 2020年3月期に準備すること～本社経理以外の協力～

① 関連部署への対応

経理部以外に収益認識に関係のある営業事務部門等への説明をします。ただし、当会計基準等を理解することは経理部でさえ骨の折れる作業ですから、一般的な内容を説明しても、おそらくほとんど理解されないことになってしまいます。よって、「○○に該当する取引があった場合には経理に報告してほしい」というように、具体的に自社の事例に落とし込んで依頼することが肝心です。

② システム対応

一定規模以上の会社になれば、受注や出荷の情報を現場で入力し、経理システムに転送されて、自動で売上仕訳が計上される仕組みになっている会社が多いと思います。そのような会社では、経理システムのみならず営業システムやERP（統合基幹業務システム）の改修が必要になる場合も考えられます。

③ 法務対応

一般に、会計基準が変更になったからといって契約を変える必要性はありませんが、当会計基準等への適用準備を機に契約実態と契約書の内容が一致しているか、契約書を洗い直してみてもいいでしょう。

④ グループ対応

本社の経理の対応がある程度固まったら、当会計基準等での新しい社内ルールをグループ各社の経理に水平展開していきます。

また、グループ会社からは連結財務諸表の注記に必要な情報を収集する手立てを検討しておくことも必要です。

(3) 2021年3月期に準備すること～本番テスト～

① ガイドラインの作成

当会計基準等適用後に従来の処理と異なる処理をすると予測される取引について、具体的にどうするのかをまとめておきます。つまり、取引の概要、関連する部署、会計処理、根拠となる会計基準、関連する注記及びバックアップ資料等を記載したガイドラインを作成します。

これは、経理担当者が交代した時の引き継ぎ書の代わりにもなります。

なお、経理部のリソースや担当者の余力にもよりますが、ガイドラインの作成を影響度調査と並行して少しずつ行っておくことも一案です。

② 当会計基準等による売上高の把握

当会計基準等の適用は2022年3月期決算からですが、実質的に2021年3月期には当会計基準等によって処理した売上高の金額を把握しておく必要があります。

なぜなら、2022年3月期は当会計基準等の適用初年度であるため、会計基準等の改正に伴う会計方針の変更として取り扱われますが、新たな会計方針を過去の期間のすべてに遡及適用する原則的取扱いか、2022年3月期の期首より前に新たな会計方針を遡及適用した場合の2022年3月期の累積的影響額を、2022年3月期の期首の利益剰余金に加減し、当該期首残高から新たな会計方針を適用する例外的取扱いのいずれかが必要になるからです（会計基準84）。どちらを適用するかは、売上高への影響額（2期間並べた時の見え方）及び実務上の簡便性等を考慮して決めることになります。

実務上の簡便性を重視して例外的取扱いを適用し、出荷基準から検収基準に変更する場合を例にすると、2021年3月期は、取引日（出荷日）と決済日の間に期末日が到来する取引に関して、経理システム上、出荷基準での売上高を伝票入力する一方で、検収基準によると2021年3月期に認識されない売上高を別途エクセル集計しておきます。そして、2022年3月期の期首（4月1日）に例えば、

（単位：千円）

㈰ 繰越利益剰余金	700	㈾ 売掛金	1,000
繰延税金資産	300		

といった仕訳を入力することになります。中小企業向けの会計ソフトだと繰越利益剰余金の修正仕訳が入力できない可能性もありますので、事前に販売元の会社に確認しておく必要があるでしょう。

検収日には、

（単位：千円）

㈰ 売掛金	1,000	㈾ 売上高	1,000

といった仕訳を入力し、検収基準での売上高を認識します。この会計上のみ修正した売上高の仕訳は、税務上遡及適用という考え方がないため、消費税対象外の取引となります。

3…適用初年度の経過措置

前述の通り、適用初年度には新たな会計方針を過去の期間のすべてに遡及適用する原則的な取扱いか、新たな会計方針を遡及適用した場合の累積的影響額を期首の利益剰余金に加減する例外的取扱いを採用しますが、実務の負担を軽減するため、いずれの取扱いにも経過措置が設けられています。

(1) 原則的な取扱いをした場合の経過措置（会計基準85）

次の①から④の方法の１つ又は複数を適用することができます。

① 適用初年度の前連結会計年度及び前事業年度の期首より前までに従前の取扱いに従ってほとんどすべての収益の額を認識した契約について、適用初年度の前連結会計年度の連結財務諸表及び四半期（又は中間）連結財務諸表並びに適用初年度の前事業年度の個別財務諸表及び四半期（又は中間）個別財務諸表（以下合わせて「適用初年度の比較情報」という）を遡及的に修正しない方法

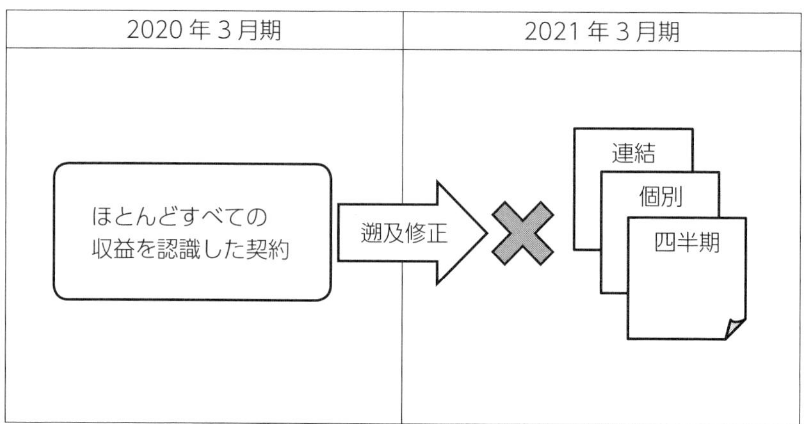

② 適用初年度の期首より前までに従前の取扱いに従ってほとんどすべての収益の額を認識した契約に変動対価が含まれる場合、当該契約に含まれる変動対価の額について、変動対価の額に関する不確実性が解消された時の金額を用いて適用初年度の比較情報を遡及的に修正する方法

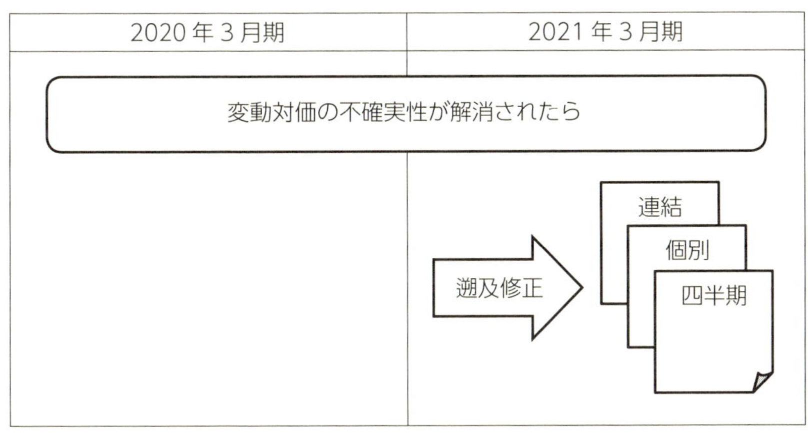

③　適用初年度の前連結会計年度内及び前事業年度内に開始して終了した契約について、適用初年度の前連結会計年度の四半期（又は中間）連結財務諸表及び適用初年度の前事業年度の四半期（又は中間）個別財務諸表を遡及的に修正しない方法

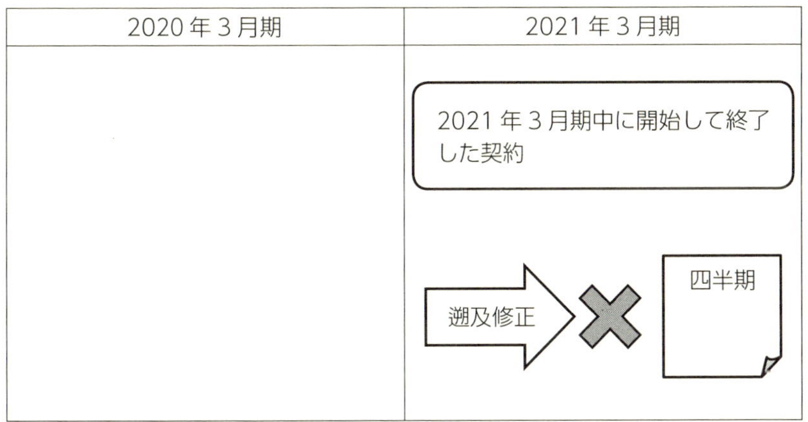

④　適用初年度の前連結会計年度及び前事業年度の期首より前までに行われた契約変更について、すべての契約変更を反映した後の契約条件に基づき、次の 1）から 3）の処理を行い、適用初年度の比較情報を遡及的に修正する方法

1)　履行義務の充足分及び未充足分の区分

2)　取引価格の算定

3)　履行義務の充足分及び未充足分への取引価格の配分

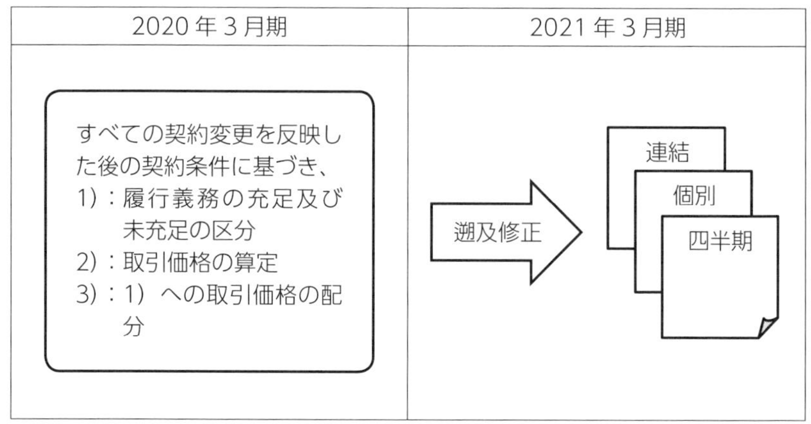

(2) 例外的な取扱いをした場合の経過措置（会計基準 86）

次の①及び②の方法を適用することができます。

①　適用初年度の期首より前までに従前の取扱いに従ってほとんどすべての収益の額を認識した契約に、新たな会計方針を遡及適用しない方法

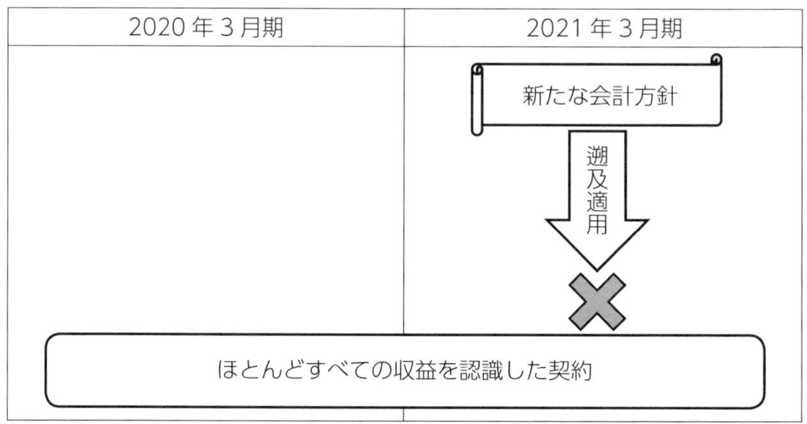

②　契約変更について、次の（ア）、（イ）いずれかを適用し、その累積的影響額を適用初年度の期首の利益剰余金に加減する方法

（ア）適用初年度の期首より前までに行われた契約変更について、すべての契約変更を反映した後の契約条件に基づき、上記 (1) ④の 1）から 3）の処理を行う。

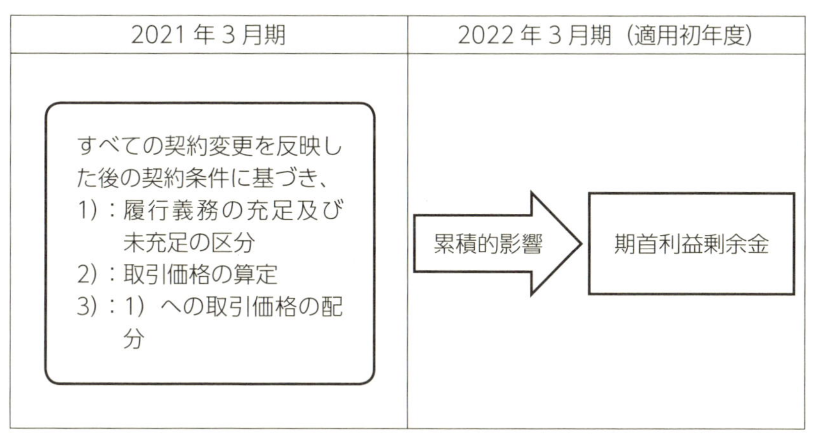

（ィ）適用初年度の前連結会計年度及び前事業年度の期首より前までに行われた契約変更について、すべての契約変更を反映した後の契約条件に基づき上記（1）④の1）から3）の処理を行う。

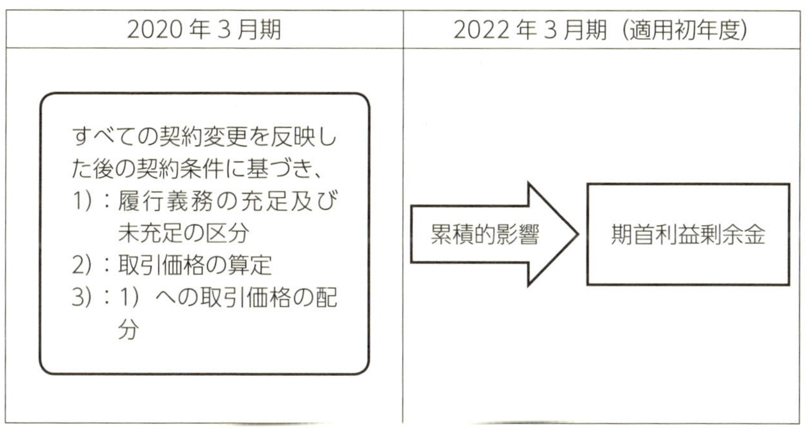

(3) 当会計基準等を早期適用した日本基準の会社

週刊経営財務（税務研究会）2019年7月15日号によると、日本基準により財務諸表を作成し、かつ、当会計基準等を早期適用している会社は、2019年7月10日時点で10社ありました。この10社につき、当会計基準等適用初年度の開示をどのように行っているか分析したところ、下表の通り、圧倒的に例外的な取扱いを採用した会社が多いことがわかります。

No	会社名	原則的取扱い	例外的取扱い	(2) ①	(2) ②（ア）	(2) ②（イ）
1	ジャフコ		○	○	○	
2	日本オラクル		○			
3	オープンハウス		○		○	
4	アドバンスクリエイト		○	○	○	
5	ブイキューブ		○		○	
6	CARTA HOLDINGS		○			
7	ビーグリー		○	○	○	
8	ミルボン	○				
9	キヤノン電子		○			
10	キヤノンマーケティング		○	○	○	

IFRS15 号適用会社の開示例

【キヤノンマーケティングジャパン株式会社 2019 年 12 月期第一四半期報告書】

（経理の状況≫四半期連結財務諸表≫注記事項（連結）≫会計方針の変更等≫）

「収益認識に関する会計基準」（企業会計基準第 29 号　平成 30 年 3 月 30 日。以下「収益認識会計基準」という。）及び「収益認識に関する会計基準の適用指針」（企業会計基準適用指針第 30 号　平成 30 年 3 月 30 日）が 2018 年 4 月 1 日以後開始する連結会計年度の期首から適用できることになったことに伴い、当第 1 四半期連結会計期間の期首から収益認識会計基準等を適用し、約束した財又はサービスの支配が顧客に移転した時点で、当該財又はサービスと交換に受け取ると見込まれる金額で収益を認識することとしております。

収益認識会計基準等の適用については、収益認識会計基準第 84 項ただし書きに定める経過的な取扱いに従っており、当第 1 四半期連結会計期間の期首より前に新たな会計方針を遡及適用した場合の累積的影響額を、当第 1 四半期連結会計期間の期首の利益剰余金に加減し、当該期首残高から新たな会計方針を適用しております。

ただし、収益認識会計基準第 86 項に定める方法を適用し、当第 1 四半期連結会計期間の期首より前までに従前の取扱いに従ってほとんどすべての収益の額を認識した契約に、新たな会計方針を遡及適用しておりません。

また、収益認識会計基準第 86 項また書き（1）に定める方法を適用し、当第 1 四半期連結会計期間の期首より前までに行われた契約変更について、すべての契約変更を反映した後の契約条件に基づき、次の①から③の処理を行い、その累積的影響額を当第 1 四半期連結会計期間の期首の利益剰余金に加減しております。

①　履行義務の充足分及び未充足分の区分

② 取引価格の算定
③ 履行義務の充足分及び未充足分への取引価格の配分
この結果、当第1四半期連結累計期間の売上高が540百万円減少し、売上原価は539百万円減少し、営業利益、経常利益及び税金等調整前四半期純利益がそれぞれ0百万円減少しております。また、利益剰余金の当期首残高は996百万円減少しております。

【飯田グループホールディングス株式会社 2019年3月期第1四半期報告書】
(経理の状況≫要約四半期連結財務諸表≫要約四半期連結財務諸表注記≫重要な会計方針≫)

当社グループの業績及び財政状態への主な影響として、当第1四半期連結会計期間の期首時点において、契約資産が4,129百万円、契約負債が3,712百万円それぞれ増加、その他の流動負債が4,845百万円減少するとともに、前連結会計年度に計上されていない請負工事収益、請負工事原価、並びにそれらの税効果による利益剰余金の増加額913百万円等が当第1四半期連結会計期間の利益剰余金期首残高の調整額(累積的影響)として計上されております。
当第1四半期連結累計期間においては、上記の履行義務の充足に応じた収益等の認識の取扱いの変更等により、従前の会計基準を適用した場合と比べて、売上収益が1,357百万円、営業利益及び税引前四半期利益がそれぞれ337百万円、四半期利益が232百万円増加するとともに、基本的1株当たり四半期利益が0.81円増加しております。
また、従前の会計基準を適用した場合と比べて、当第1四半期連結会計期間末において、契約資産が5,257百万円、契約負債が5,036百万円それぞれ増加するとともに、その他の流動負債が6,399百万円減少しております。

4…監査法人とのコミュニケーション

各フェーズで逐一、監査を担当する公認会計士又は監査法人(以下、「監査法人」という)と協議し、これからやろうとしていること(計画)及びやったこと(結果)の確認及び合意をしておくことが非常に重要です。

とりわけ、影響度調査は実質的な最初の一歩ですから、スタートの方向を間違えないよう綿密な打ち合わせが必要です。

また、当会計基準等が適用となる2022年3月期よりも前に金融商品取引法の監査報告書にKAMの記載が始まりますが、従来の基準においても収益認識はKAMになる可能性が高いので、当会計基準等適用後も見据えてどのような文言となるのか監査法人と意見の擦り合わせが必要となるでしょう。

【コラム】～適用初年度に原則的な取扱いをしたミルボン社～

調査後の対応として１つポイントとなるのは、従来の基準と比較して当会計基準等適用後の損益計算書の売上高がどうみえるのかをきちんと把握し、経営者に報告・説明しておくことです。ROE、純利益またはキャッシュ・フローといった指標が重視されているとはいえ、経営者にとって粗利益率や売上高営業利益率は非常に関心の高い分野です。

当会計基準等の適用は、その適用初年度において、会計基準等の改正に伴う会計方針の変更に該当し、原則として、新たな会計方針を過去の期間のすべてに遡及適用するか、適用初年度の累積的影響額を適用初年度の期首の利益剰余金に加減することになります。

一般的には後者の方が簡便であることから後者を採用する企業が多いと思われますが、当会計基準等を 2019 年 12 月期に早期適用した株式会社ミルボン（以下、「ミルボン社」という）は当会計基準等を初年度適用するにあたり、他社の多くが例外的な取扱いを選択する中で、実務負担が大きいと思われる原則的な取扱いをしています。これは何故でしょうか。

まず、ミルボン社の 2019 年 12 月期第一四半期報告書の注記をみてみましょう。

ミルボン社は会計方針の変更の注記に、「(前略）当社は顧客との契約における対価に変動対価が含まれている場合には、変動対価に関する不確実性がその後に解消される際に、認識した収益の累計額の重大な戻入が生じない可能性が非常に高い範囲でのみ、取引価格に含めております。そのため、従来は販売管理費として計上していたリベートを売上高から控除し、また販売実績に応じて得意先に無償で交付する製商品に係る費用を売上原価に加算しております。

収益認識に関する会計基準等の適用については、収益認識に関する会計基準第 84 項に定める原則的な取扱いに従って、新たな会計方針を過去の期間のすべてに遡及適用しております。

この結果、遡及適用を行う前と比べて、前第1四半期連結累計期間の「売上高」は1億96百万円、「売上総利益」は3億81百万円それぞれ減少しておりますが、「営業利益」「経常利益」「税金等調整前四半期純利益」及び「四半期純利益」に与える影響はありません。」と記載しています。

次に、当会計基準等の初年度の適用につき、原則的な取扱いをした場合と例外的な取扱いをした場合の売上総利益の比較をみてみましょう。

（単位：百万円）

売上総利益	2018年12月期 第一四半期	2019年12月期 第一四半期	増減率
原則的取扱い	5,170	5,313	2.8%
例外的取扱い	5,551	5,313	-4.3%
差額	△381	-	-

ミルボン社は、当会計基準等の適用に伴って、従来は販売管理費として計上していたリベートを売上高から控除等しています。このため、上表のように、2018年12月期も当会計基準等を適用すると（原則的な取扱いを採用すると）売上総利益が増加しているにもかかわらず、例外的な取扱いを採用すると売上総利益が減少しているようにみえてしまいます。もしかしたら、このような事情も一因となって原則的な取扱いを採用したのかもしれません。

ミルボン社の例はレアケースかもしれませんが、当会計基準等適用によって売上高が大きく減少するのであれば、経営者は原則的な取扱いをオーダーするかもしれません。財務諸表は経営者の主張を反映したものですから、経理部門としては経営者の判断に資する資料を早めに提供する必要があります。

Q1-3

全体像を簡単な事例とともに教えてください。

Answer.

全体像は下記のようになります。詳細は各 QA を参照してください。例はあくまで簡略化したものです。

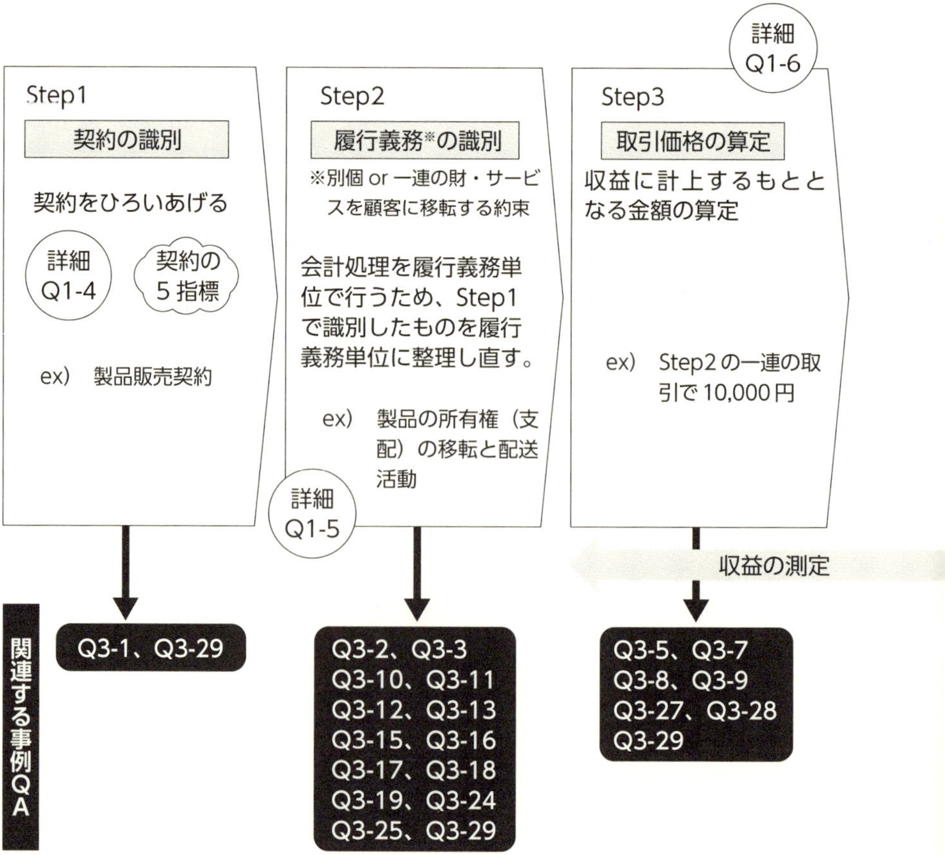

Step1

契約の識別

契約をひろいあげる

詳細 Q1-4

契約の 5 指標

ex） 製品販売契約

関連する事例QA：Q3-1、Q3-29

Step2

履行義務※の識別

※別個 or 一連の財・サービスを顧客に移転する約束

会計処理を履行義務単位で行うため、Step1 で識別したものを履行義務単位に整理し直す。

ex） 製品の所有権（支配）の移転と配送活動

詳細 Q1-5

関連する事例QA：Q3-2、Q3-3
Q3-10、Q3-11
Q3-12、Q3-13
Q3-15、Q3-16
Q3-17、Q3-18
Q3-19、Q3-24
Q3-25、Q3-29

Step3

詳細 Q1-6

取引価格の算定

収益に計上するもととなる金額の算定

ex） Step2 の一連の取引で 10,000 円

収益の測定

関連する事例QA：Q3-5、Q3-7
Q3-8、Q3-9
Q3-27、Q3-28
Q3-29

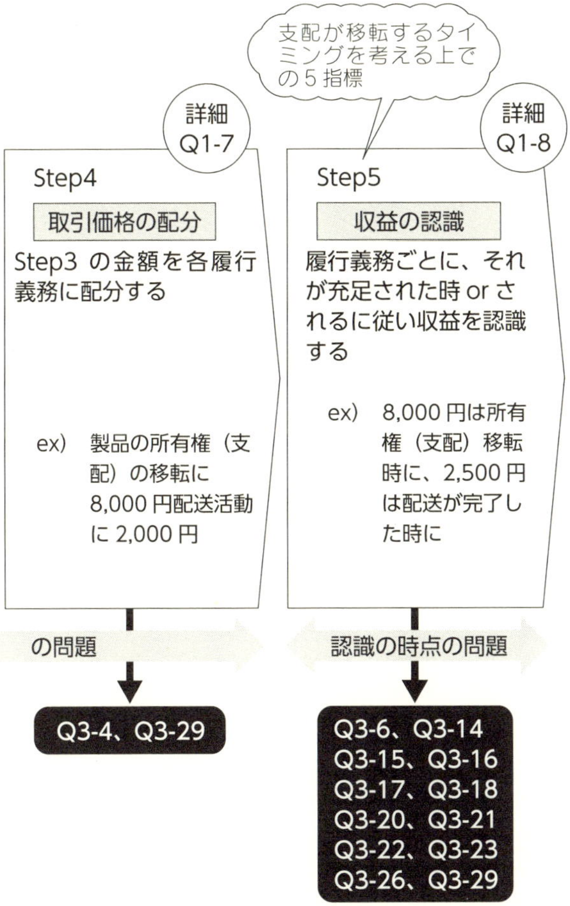

支配が移転するタイミングを考える上での５指標

詳細 Q1-7

Step4

取引価格の配分

Step3 の金額を各履行義務に配分する

ex） 製品の所有権（支配）の移転に 8,000 円配送活動に 2,000 円

詳細 Q1-8

Step5

収益の認識

履行義務ごとに、それが充足された時 or されるに従い収益を認識する

ex） 8,000 円は所有権（支配）移転時に、2,500 円は配送が完了した時に

の問題

Q3-4、Q3-29

認識の時点の問題

Q3-6、Q3-14
Q3-15、Q3-16
Q3-17、Q3-18
Q3-20、Q3-21
Q3-22、Q3-23
Q3-26、Q3-29

Q1-4

ステップ 1 の概略を教えてください。

Answer.

ステップ 1 では、顧客との契約を明らかにします。そして、複数の契約を 1 つに結合する場合や、途中で契約を変更した場合の扱いを定めています。

1…顧客との契約

顧客との契約とは、法的な強制力のある権利及び義務が発生する当社と顧客との間における取り決め（会計基準 5）

当会計基準を適用するにあたり、次の (1) から (5) の要件のすべてを満たすものを顧客との契約という（会計基準 19）

(1) 当社と顧客が、書面、口頭、取引慣行等により契約を承認し、顧客に財・サービスの提供を約束していること

言い換えると、当社は顧客に商品を販売し、顧客は代金を支払うという約束をしていること

(2) 顧客に提供する財・サービスに関する当社と顧客の権利を識別できること

言い換えると、当社は代金を受領する権利があり、顧客は商品を受け取る権利があること

(3) 顧客に提供する財・サービスの支払条件を識別できること

例えば、当月末締め翌月末払等の条件があること

(4) 契約に経済的実質があること

実質的な取引実態がない循環取引等は除外

(5) 当社が対価を回収する可能性が高いこと

回収見込みがないものは除外

適用方法

原則：一つひとつの契約に適用

例外：同一の顧客（当該顧客の関連当事者を含む。）と同時又はほぼ同時に締結した複数の契約 について、次のいずれかの要件を満たす場合には、当該複数の契約を結合し、単 一の契約とみなして処理（会計基準 27）

⑴　当該複数の契約が同一の商業的目的を有するものとして交渉されたこと

言い換えると、当社と顧客が当該複数の契約につき同一案件もしくは深く関係する案件として一体で交渉したこと

⑵　1 つの契約において支払われる対価の額が、他の契約の価格又は履行により影響を受けること

例えば、複数の財・サービスをセット販売することで単独販売価格の合計よりも安くなること

⑶　当該複数の契約において約束した財・サービスが単一の履行義務となること

言い換えると、形式的に契約が複数になっていても実際に財・サービスを提供する約束が 1 つであること
　なお、単一の履行義務かどうかの判定は Q1-5 参照

例外の例外

〈契約を結合しないことが認められるケース〉

次の ⑴ 及び ⑵ のいずれも満たす場合には、複数の契約を結合せず、個々の契約（書）ベースで収益認識可能

⑴　契約が顧客と合意した取引実態を実質的に反映するものであること

⑵　契約における財・サービスの金額が合理的に定められていて、当該金額が独立販売価格と著しく異ならないこと

（適用指針 101）

〈契約を結合することが認められるケース〉

工事契約及びソフトウェアの受注制作契約において、当社と、複数の関連当事者同士でない顧客との間で実質的な取引単位を反映するように複数の契約を結合した場合、契約を結合しない場合との差異に重要性が乏しければ、当該複数の契約を結合できる

（適用指針 102）

例えば、ゼネコンと（顧客である）施主とのビル建設契約において、ゼネコンはビル本体のＡ工事契約をする施主と設備・内装等のＢ工事・Ｃ工事契約をするテナント各社と別々に契約を締結しているため、施主とテナント各社が関連当事者でないと、別々に会計処理することになります。しかしながら、これまでの実務に配慮して代替的な取扱いが認められました。

2…契約の変更
当初の契約を後で変更したらどう取り扱うか？

Q3-1、Q3-29

契約の変更とは、契約の範囲又は価格（あるいはその両方）の変更（会計基準 28）

契約の変更が次の⑴及び⑵の要件のいずれも満たすか？
⑴ 当初、顧客に提供する財・サービスとは別個の財サービスの提供により契約の範囲が拡大（別個の財・サービスの内容は Q1-5 参照）
⑵ 契約変更による売上増加額（変更される契約の価格）が、新たに提供する財・サービスの独立販売価格を反映
（会計基準 30）

Yes

No

当社がいまだ顧客に提供していない財・サービスは、契約変更日以前にすでに顧客に提供した財・サービスと別個のものか？
（会計基準 31）

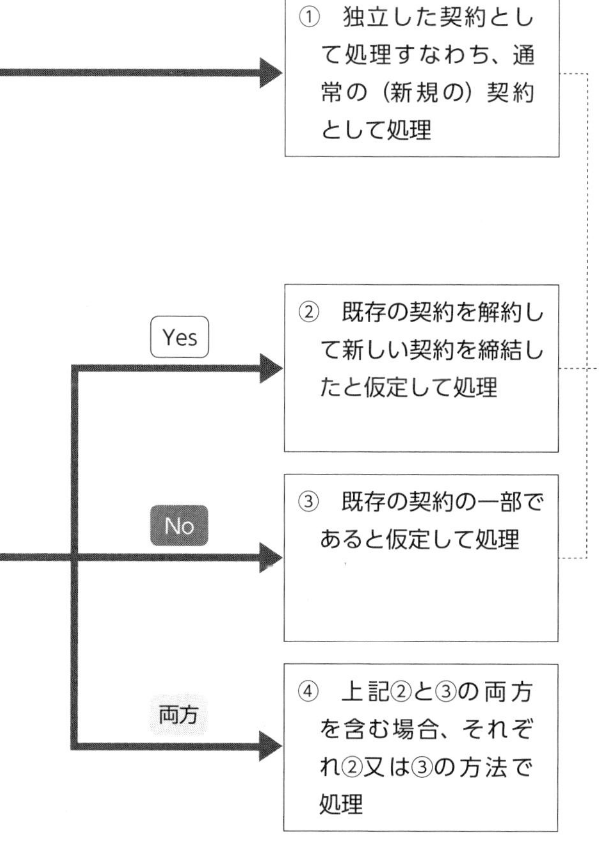
① 独立した契約として処理すなわち、通常の（新規の）契約として処理
Yes
② 既存の契約を解約して新しい契約を締結したと仮定して処理
No
③ 既存の契約の一部であると仮定して処理
両方
④ 上記②と③の両方を含む場合、それぞれ②又は③の方法で処理
⑤ 契約変更による財・サービスの追加が既存の契約内容に照らして重要性が乏しい場合は①、②、③いずれの方法も適用可能
（適用指針 92）

IFRS15 号適用会社の開示例

【株式会社リンクアンドモチベーション 2018 年 12 月期有価証券報告書】

（連結財務諸表≫連結財務諸表注記≫重要な会計方針≫（13）売上収益）

（13）売上収益

① 収益の主要な区分ごとの収益認識基準

当社グループは、当連結会計年度から IFRS 第 15 号「顧客との契約から生じる収益」（2014 年 5 月公表）及び「IFRS 第 15 号の明確化」（2016 年 4 月公表）（合わせて以下、「IFRS 第 15 号」）を適用しております。

IFRS 第 15 号の適用に伴い、下記の 5 ステップアプローチに基づき、顧客との契約から生じる収益を認識しております。

ステップ 1：顧客との契約を識別する
ステップ 2：契約における履行義務を識別する
ステップ 3：取引価格を算定する
ステップ 4：取引価格を契約における履行義務に配分する
ステップ 5：企業が履行義務の充足時に収益を認識する

【株式会社電通 2018 年 12 月期有価証券報告書】

（≫連結財務諸表≫連結財務諸表注記≫重要な会計方針≫（15）収益）

（15）収益

当社グループは、当連結会計年度から IFRS 第 15 号「顧客との契約から生じる収益」（2014 年 5 月公表）及び「IFRS 第 15 号の明確化」（2016 年 4 月公表）（合わせて以下、「IFRS 第 15 号」）を適用しております。IFRS 第 15 号の適用に伴い、下記の 5 ステップアプローチに基づき、収益を認識しております。

ステップ 1：顧客との契約を識別する
ステップ 2：契約における履行義務を識別する
ステップ 3：取引価格を算定する
ステップ 4：取引価格を契約における履行義務に配分する
ステップ 5：企業が履行義務の充足時に収益を認識する

【株式会社クボタ 2018年12月期有価証券報告書】

（連結財務諸表≫連結財務諸表注記≫重要な会計方針≫（12）収益認識）

（12）収益認識

① 顧客との契約から生じる売上高

当社は、IFRS第9号に基づいて認識される利息及びIAS第17号「リース」に基づいて認識される収益を除く顧客との契約から生じる売上高について、次の5ステップアプローチに基づき認識しております。

ステップ1：顧客との契約を識別する
ステップ2：契約における履行義務を識別する
ステップ3：取引価格を算定する
ステップ4：取引価格を契約における別個の履行義務へ配分する
ステップ5：履行義務を充足した時点で（または充足するに応じて）売上高を認識する

Q1-5

ステップ２の概略を教えてください。

Answer.

ステップ２では、顧客に対し何をする約束をしたのか（履行義務）を明らかにします。

Q3-2、Q3-3、Q3-10、Q3-11、Q3-12、Q3-13、Q3-15、Q3-16、Q3-17、Q3-18、Q3-19、Q3-24、Q3-25、Q3-29

履行義務とは、当社と顧客との契約により、実際に財・サービスを提供する約束のこと

顧客と契約するということは、顧客に対し何らかの財・サービスを提供することを約束することになります。この何らかの財・サービスを提供する約束のことを履行義務といいます。
仮に１つの契約の中に複数の履行義務があるようにみえる場合、それらが当会計基準等に従うと別個の履行義務なのか、あるいは１つの履行義務なのかを識別します。

当会計基準等では、次の別個の財・サービス又は一連の別個の財・サービスのいずれかを履行義務として識別（会計基準32）
⑴　別個の財・サービス
　単一の他と区別できる財・サービスあるいはその束（セット）
　　もしくは
⑵　一連の別個の財・サービス
　特性が実質的に同じであり、顧客への提供パターンが同じである複数の財・サービス（会計基準7）
そして、履行義務が複数（一定期間）あるときにまとめて1つの履行義務として会計処理するのか、別々の履行義務として会計処理するのかを⑴及び⑵それぞれについて決定（識別）
1つの履行義務するか別々の履行義務とするかは、顧客の立場で区分することに意味があるかどうか検討

"別個"と"一連の別個"とは何が違うのでしょうか。例えば、別個の財・サービスは、車の販売と一般的なメンテナンスサービスや、カスタマイズされた機械とそれ専用の保守サービス等が該当します。
一方、一連の別個の財・サービスは、定期的な清掃サービス等が該当します。

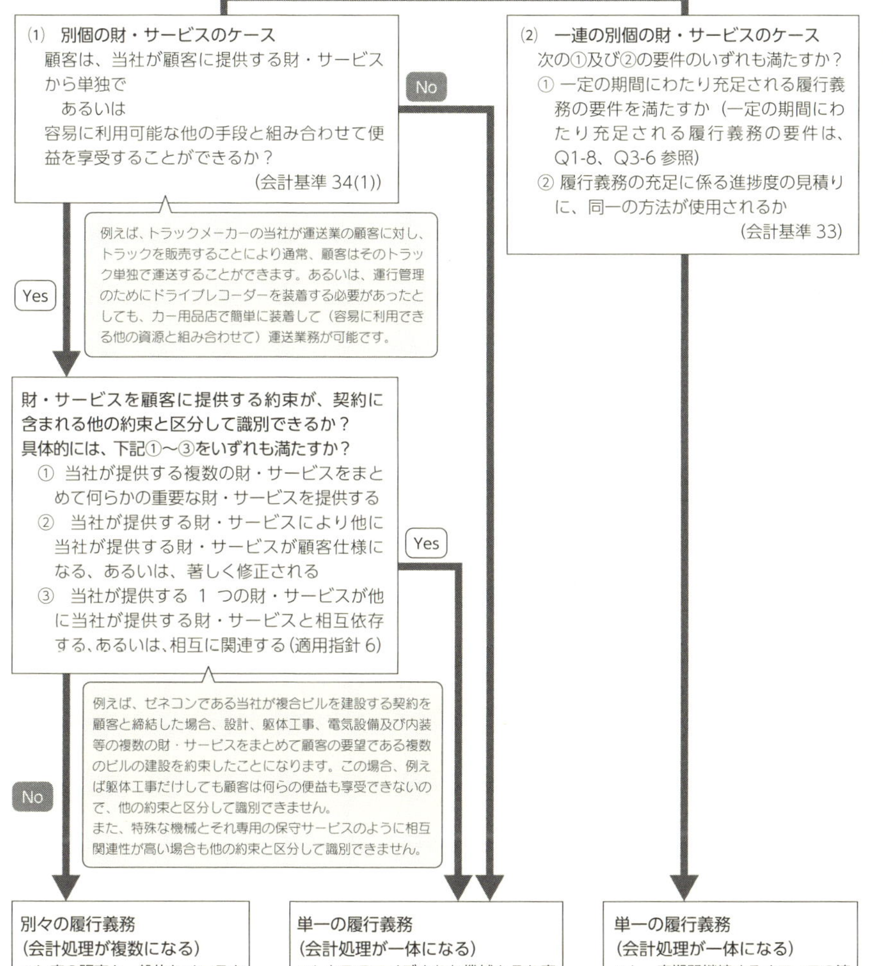

IFRS15 号適用会社の開示例

【伊藤忠テクノソリューションズ株式会社 2019 年 3 月期第 1 四半期報告書】

(経理の状況≫要約四半期連結財務諸表≫要約四半期連結財務諸表注記≫重要な会計方針≫)

製品販売、保守サービスなど複数の財又はサービスを提供する複数要素取引に係る収益については、契約に含まれる履行義務を識別し、契約の対価を配分する必要がある場合には、取引価格を独立販売価格に基づき配分しております。

Q1-6

ステップ３の概略を教えてください。

Answer.

ステップ３では、取引価格を明らかします。

Q3-5、Q3-7、Q3-8、Q3-9、Q3-27、Q3-28、Q3-29

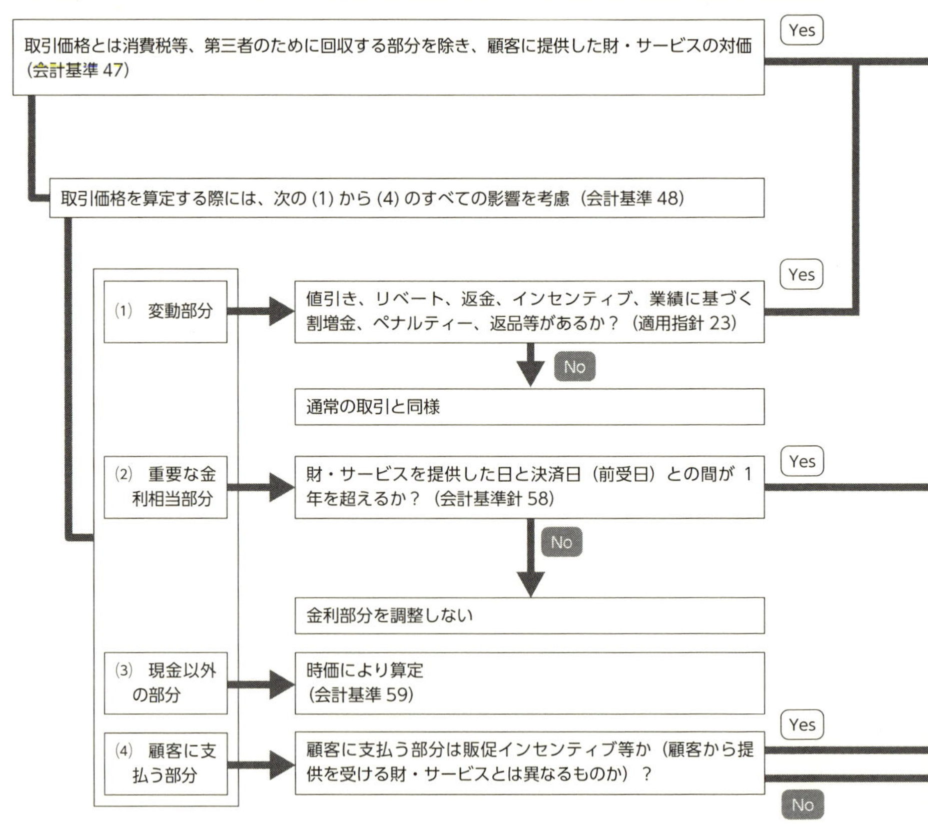

Chapter 1

Yes

変動部分の見積り必要
見積りにあたっては、
最も可能性の高い単一の金額（最頻値）による方法
又は
確率で加重平均した金額（期待値）による方法
がある（会計基準 51）

変動部分は、後になって（変動部分の額がはっきりした時になって）著しい収益の戻入が発生しないとある程度確証を持てる範囲が限度（会計基準 54）

見積りは各決算日に見直す必要（会計基準 55）

Yes

次の①及び②を含む、関連するすべての事実及び状況を考慮
① 顧客から 1 年超前に前受した額あるいは顧客に提供した財・サービスの対価として 1 年超後に受取る予定の額と即時現金決済した場合の額との差額
② 顧客に財・サービスを提供した日と決済日（前受日）との期間の長さ及び関連する市場金利の影響

ただし、顧客との契約が、
㋐ 代金を前受していて顧客の裁量により財・サービスの提供時期を決められる
㋑ 対価が売上高に基づくロイヤルティである等の場合には重要な金利部分を含まない
（適用指針 27、28）

金利部分の影響は個々の契約単位で重要性があるか？（適用指針 128）

Yes

金利部分を調整する
適用する利率（割引率）は、当社と顧客との間で独立した金融取引を行う場合に適用されると見積もられる利率（適用指針 29）
実務的には、財務省や日本銀行が公表している金利に顧客のリスクプレミアムを反映した値等

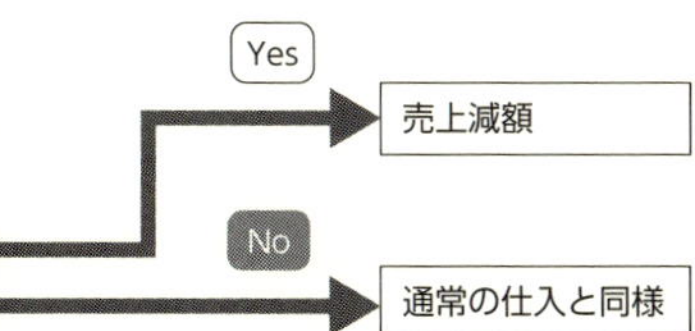

売上減額

通常の仕入と同様

Q1-7

ステップ 4 の概略を教えてください。

Answer.

ステップ 4 では、ステップ 2 で識別した履行義務へ取引価格を配分します。

Q3-4、Q3-29

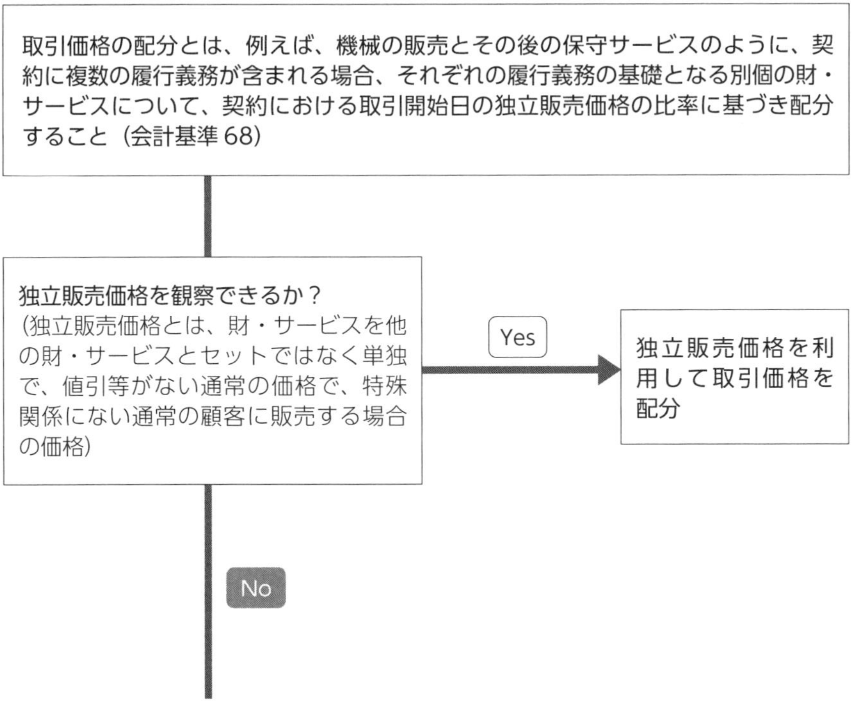

取引価格の配分とは、例えば、機械の販売とその後の保守サービスのように、契約に複数の履行義務が含まれる場合、それぞれの履行義務の基礎となる別個の財・サービスについて、契約における取引開始日の独立販売価格の比率に基づき配分すること（会計基準 68）

独立販売価格を観察できるか？
（独立販売価格とは、財・サービスを他の財・サービスとセットではなく単独で、値引等がない通常の価格で、特殊関係にない通常の顧客に販売する場合の価格）

Yes → 独立販売価格を利用して取引価格を配分

No

独立販売価格を直接観察できない場合、例えば、次の⑴から⑶の方法により独立販売価格を見積もる（適用指針 31）

⑴　調整した市場評価アプローチ
財・サービスが販売される市場を評価して、顧客が支払うと見込まれる価格を見積もる方法

例えば、同業他社の市場価格を参考にして当社個別の要因を調整して見積もります。

⑵　予想コストに利益相当額を加算するアプローチ
履行義務を充足するために発生するコストを見積もり、当該財・サービスの適切な利益相当額を加算する方法

⑶　残余アプローチ
取引価格の総額から他の財又はサービスについて観察可能な独立販売価格の合計額を控除して見積もる方法

この方法は、販売価格が大きく変動する場合か販売価格が確定していない場合に限り使用できます。

値引きの配分
当社が顧客に提供した財・サービスの独立販売価格 > 取引価格の場合、値引きがあると見做す値引きは、契約におけるすべての履行義務に対して独立販売価格に基づいて比例的に配分ただし、値引きが特定の財・サービスに紐づく場合は当該財・サービスに充当

Q1-8

ステップ５の概略を教えてください。

Answer.

ステップ５では、収益認識のタイミングが一定の期間か、一時点かを判定し、収益を認識します。

Q3-6、Q3-14、Q3-15、Q3-16、Q3-17、Q3-18、Q3-20、Q3-21、Q3-22、Q3-23、Q3-26、Q3-29

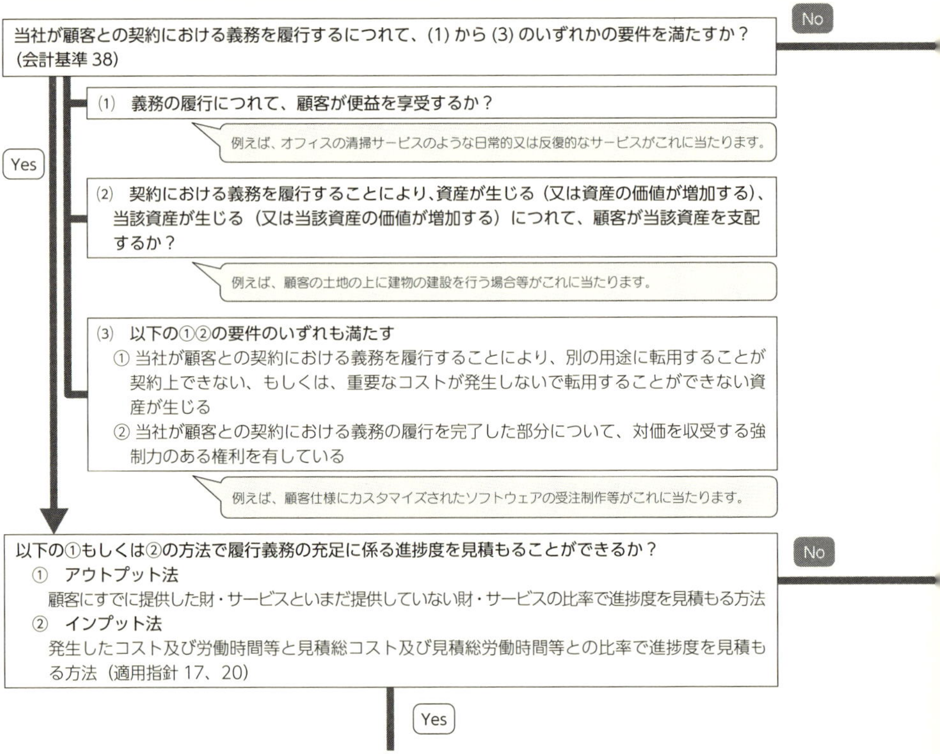

当社が顧客との契約における義務を履行するにつれて、(1) から (3) のいずれかの要件を満たすか？（会計基準 38）

No

Yes

⑴　義務の履行につれて、顧客が便益を享受するか？

例えば、オフィスの清掃サービスのような日常的又は反復的なサービスがこれに当たります。

⑵　契約における義務を履行することにより、資産が生じる（又は資産の価値が増加する）、当該資産が生じる（又は当該資産の価値が増加する）につれて、顧客が当該資産を支配するか？

例えば、顧客の土地の上に建物の建設を行う場合等がこれに当たります。

⑶　以下の①②の要件のいずれも満たす

①当社が顧客との契約における義務を履行することにより、別の用途に転用することが契約上できない、もしくは、重要なコストが発生しないで転用することができない資産が生じる

②当社が顧客との契約における義務の履行を完了した部分について、対価を収受する強制力のある権利を有している

例えば、顧客仕様にカスタマイズされたソフトウェアの受注制作等がこれに当たります。

以下の①もしくは②の方法で履行義務の充足に係る進捗度を見積もることができるか？

①　アウトプット法

顧客にすでに提供した財・サービスといまだ提供していない財・サービスの比率で進捗度を見積もる方法

②　インプット法

発生したコスト及び労働時間等と見積総コスト及び見積総労働時間等との比率で進捗度を見積もる方法（適用指針 17、20）

No

Yes

一定の期間にわたり見積もった進捗度に基づいて収益を認識

工期がごく短かい工事契約及び受注制作のソフトウェアは、履行義務を完全に充足した時点での収益認識が可能

No

顧客に提供した財・サービス（資産）に対する支配が顧客に移転した時点で収益を認識
(会計基準 39)

移転時期を検討する際、以下を踏まえて、顧客が当社から提供を受けた財・サービス（資産）を自由に使用し、当社が提供した後の財・サービス（資産）から発生する便益のほとんどすべてを享受する能力を獲得したか総合的に検討

① 顧客が当社から提供を受けた財・サービス（資産）に対する対価を支払う義務を負っているか？
② 顧客が当社から提供を受けた財・サービス（資産）に対する法的所有権を有しているか？
③ 顧客が当社から提供を受けた財・サービス（資産）を物理的に占有しているか？
④ 顧客が当社から提供を受けた財・サービス（資産）の所有に伴う重大なリスクを負い、また、経済価値を享受しているか？
⑤ 顧客が当社から提供を受けた財・サービス（資産）を検収しているか？
(会計基準 40、適用指針 14)

国内販売において、出荷から支配移転までが数日間ならば出荷基準での収益認識が可能

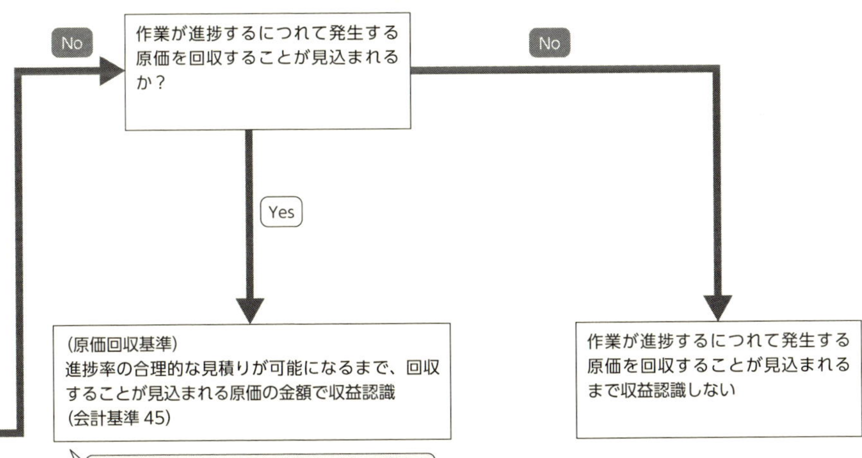

IFRS15号適用会社の開示例

【富士通株式会社 2019年3月期第1四半期報告書】

(経理の状況≫要約四半期連結財務諸表≫要約四半期連結財務諸表注記≫重要な会計方針≫)

> サービスの提供は、通常、(a) 当社グループの履行によって提供される便益をその履行につれて顧客が同時に受け取って消費する、(b) 当社グループの履行が資産を創出するか又は増価させその創出又は増価につれて顧客が当該資産を支配する、または、(c) 当社グループの履行が他に転用できる資産を創出せず、当社グループが現在までに完了した履行に対する支払を受ける強制可能な権利を有している場合のいずれかに該当するため、一定の期間にわたり充足される履行義務であります。サービスの売上収益は、履行義務の完全な充足に向けた進捗度を合理的に測定できる場合は進捗度の測定に基づいて、進捗度を合理的に測定できない場合は履行義務の結果を合理的に測定できるようになるまで発生したコストの範囲で、認識しております。

【ナブテスコ株式会社 2018年12月期有価証券報告書】

(経理の状況≫連結財務諸表≫連結財務諸表注記≫重要な会計方針≫)

> ① 一時点で充足される履行義務
>
> 当社グループは、産業用ロボット部品、建設機械用機器、鉄道車両用ブレーキ装置・自動扉装置、航空機部品、自動車用ブレーキ装置・駆動制御装置、舶用制御装置、建物及び一般産業用自動扉装置、プラットホーム安全設備等の製造販売を主な事業としています。これらの製品の販売については、多くの場合、製品の引渡時点において顧客が当該製品に対する支配を獲得し、履行義務が充足されると判断していることから、主として当該製品の引渡時点で収益を認識しています。また、収益は顧客との契約において約束された対価から値引き、割戻及び返品等を控除した金額で測定しています。
>
> ② 一定期間にわたり充足される履行義務
>
> 当社グループは、次の要件のいずれかに該当する場合は、製品又は役務に対する支配が一定期間にわたり移転するため、一定期間にわたり履行義務を充足し収益を認識しています。

【株式会社ネクソン 2018 年 12 月期有価証券報告書】

(経理の状況≫連結財務諸表≫連結財務諸表注記≫重要な会計方針≫)

履行義務の充足時（又は充足するにつれて）の収益の認識

履行義務の充足に関しては、サービスを顧客に移転することによって当社グループが履行義務を充足したときに、又は充足するにつれて、収益を認識しております。

PC オンライン事業、モバイル事業、PC オンラインゲーム配信にかかるコンサルティング事業及びインターネット広告事業は、それぞれ一定の期間にわたり履行義務が充足されるものと認識しております。なお、セグメント情報においては、PC オンラインゲーム配信にかかるコンサルティング事業における収益は PC オンラインに、インターネット広告事業における収益はその他に含まれております。

(a) 一時点で充足される履行義務

顧客への引渡時において支配が移転するため、一時点において収益を認識しております。

(b) 一定の期間にわたり充足される履行義務

次の要件のいずれかに該当する場合は、サービスに対する支配を一定の期間にわたり移転するため、一定の期間にわたり履行義務を充足し収益を認識しております。

(ⅰ) 顧客が、当社グループの履行によって提供される便益を、当社グループが履行するにつれて同時に受け取って消費する。

(ⅱ) 当社グループの履行が、資産（例えば仕掛品）を創出するか又は増価させ、顧客が当該資産の創出又は増価につれてそれを支配する。

(ⅲ) 当社グループの履行が、当社グループが他に転用できる資産を創出せず、かつ、当社グループが現在までに完了した履行に対する支払を受ける強制可能な権利を有している。

Q1-9

実現主義とどう変わるのですか（総論）？

Answer.

収益を認識するにあたり、実現主義よりも厳格な検討が必要です。

1…実現主義

現状、収益は実現主義の原則に従い、商品等の販売又は役務の給付によって実現したものに限るとされています。この実現主義は、一般に「財貨の移転又は役務の提供の完了」とそれに対する「対価の成立」という要件が満たされたときに収益を認識します。

2…当会計基準等

当会計基準等は、IFRS15 号をほぼ踏襲しています。IFRS15 号は資産負債アプローチをベースにしており、実現主義とは全く異なる次元からやってきた概念と言われることもあります。

3…両者の違い

これまで日本基準（実現主義）で収益を計上してきた経営陣や経理担当者にとって、何がどう変わるのかということは非常に関心が高いでしょう。従来と全く異なる概念という見方もありますが、収益を認識することに関しては同じであり、実務上、実現主義と関連付けて両者の違いを明らかにする方がしっくりくると思われます。

そこで私見ですが、1つの解釈として従来の実現主義と当会計基準等の違いにつき両者を関連付けて考えてみます。

大局的にとらえると、下の図のように、実現主義のなかに当会計基準等が内包されるイメージです。実現主義よりも当会計基準等によって収益を認識するエリアの方が狭くなっています。つまり、当会計基準等の方が収益を認識する要件が厳格になったと言えます。

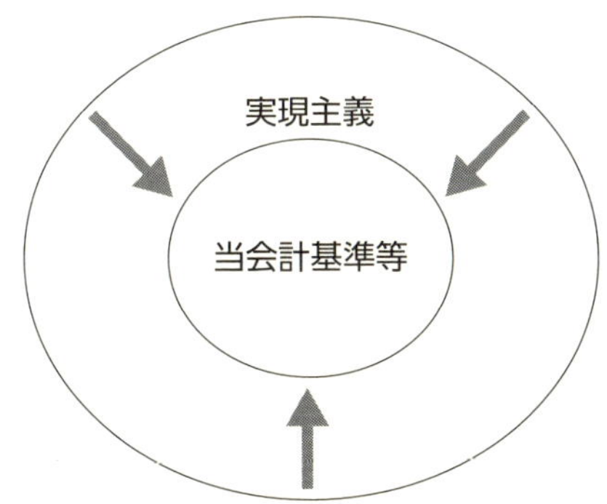

実現主義は、「財貨の移転又は役務の提供の完了」とそれに対する「対価の成立」という２つの要件しかありません。どの単位で収益を認識するのか、対価の金額はどのようにして決定するのかといった細かい実務上の運用は幅広く、会計基準のみならず、その運用、業界慣行及び実務慣行等の中で決まっていた面もありました。

一方、当会計基準等は顧客との契約によって顧客に対し何をする約束をしたのか（どんな財・サービスを提供するのか）という履行義務を識別し、履行義務ごとに収益を認識します（step1、2）。

また、値引等がある場合には当初から収益の額を変動させます（step3）。単に受領した現金又は現金同等物の金額がそのまま収益の額にならないこともあります。

さらに、収益を一時点で認識するのか、一定期間で認識するのかについて工事契約に限定せず一般的に定めています（step5）。

このように、当会計基準等は収益を認識するプロセスに関し、実現主義で漠然としていた部分をより厳密にルール化したと言えます。

Q1-10

重要性との関係はどのように考えるのですか？

Answer.

あるべき会計処理（原則）との距離感を踏まえ合理的に判断します。

1…重要性の原則

重要性の原則は企業会計原則の注１に「企業会計は、定められた会計処理の方法に従って正確な計算を行うべきものであるが、企業会計が目的とするところは、企業の財務内容を明らかにし、企業の状況に関する利害関係者の判断を誤らせないようにすることにあるから、重要性の乏しいものについては、本来の厳密な会計処理によらないで他の簡便な方法によることも正規の簿記の原則に従った処理として認められる。」と定められています。

2…当会計基準等と重要性の原則の関係

この重要性の原則は当会計基準等にも適用され、他の会計基準と同様に重要性が乏しい取引に当会計基準等を適用しないことができる旨が定められています（会計基準101）。

そして、注目すべきは、重要性等に関する代替的な取扱いを適用するにあたって個々の項目の要件に照らして適用の可否を判定することとなるものの、企業による過度の負担を回避するため、金額的な重要性の有無を判定する要件を設けていない旨が定められていることです（適用指針164）。

適用指針92項から104項の代替的な取扱いの他、上記の一般的な重要性の適用があると考えられます。

では、実務上、企業はどのように重要性、すなわち簡便的（代替的）な会計処理を採用するか否かを判断すればよいでしょうか。まずは当会計基準の原則的処理に従ったあるべき会計処理はどうなるかをきちんと把握し、監査人と何度も議論、協議して考えを共有することです。

そのうえで、財務諸表利用者への影響度合い、費用対効果を考慮した実務上の煩雑性、ビジネス実態との整合性及びあるべき会計処理からの距離感を踏まえ合理的に判断すべきです。合理的な判断の結果について監査人に丁寧に説明し、監査人と合意することが当然ながら必要です。

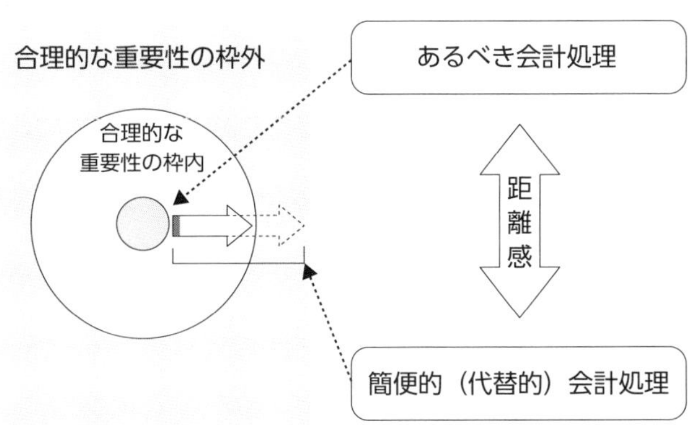

Chapter 2

会計基準と税法の異同点Q&A

Q2-1

会計上の取扱い及び税務上の取扱いについて全体像を教えてください（処理一覧表）。

Answer.

基本的に、会計と法人税は平仄を合わせていますが、一部相違します。また、消費税は従来通りの処理となるため、多くの論点において法人税と相違していますので注意が必要です。

以下、あくまで概要ですので、詳細は各 QA を参照してください。

論点	会計	法人税	消費税（従来通り）	QA
リベート	収益に対応するリベートを見積もり、収益から控除（負債として計上）	同左	控除前の収益全体が課税売上	3-7
返品	収益に対応する返品を見積もり、収益から控除（負債として計上）。その原価分を返品資産として認識	控除前の収益全体が益金	控除前の収益全体が課税売上	3-8
顧客への支払	収益から控除	同左	消費税は販売時に販売総額が課税売上、棚代支払時に支払額が課税仕入	3-9
自社ポイント	ポイント利用見込み分を見積もり収益から控除(負債として計上)	同左	控除前の収益全体が課税売上	3-10

論点	会計	法人税	消費税（従来通り）	QA
共通ポイント	ポイント利用見込み分は運営会社に対する負債として計上	同左	控除前の収益全体が課税売上	3-11
製品保証	保証サービスの対価は保証期間にわたり収益認識	同左	保証サービスの対価も含め、受領時に全額課税売上	3-12
消化仕入	代理人の場合には相殺表示	—	総額で課税売上及び総額で課税仕入	3-13
入会金	入会期間にわたり収益認識	基本的には、取引開始時に全額益金	取引開始時に全額課税売上	3-14
ソフトウェア販売	アクセス権と判定されれば一定期間、使用権と判定されれば一時点で収益認識	同左	同左	3-15 3-16
ライセンス付与	ライセンスを供与する約束が、財・サービスの提供と別個のものでなければ、一括して単一の履行義務として会計処理	同左	同左	3-15 3-17
ロイヤルティ	売上高又は使用量に基づくロイヤルティがライセンスのみに関連、あるいはライセンスが支配的な項目である場合、変動対価の定めは適用しない	同左	同左	3-15 3-18
自社商品券	未行使部分のうち使用見込みがない部分について使用部分に比例して収益認識	基本的には同左	財・サービス提供時に課税売上	3-19

論点	会計	法人税	消費税（従来通り）	QA
有償支給	基本的には収益及び在庫の減少を認識しない	同左	従来通り	3-20
委託販売	要件に照らし合わせて委託販売に該当すれば、受託者が販売した際に収益認識	同左	同左	3-21
請求済未出荷	4 要件を満たしたときに収益計上	同左	同左	3-22
顧客の検収	検収が形式的でない場合、検収終了後に収益認識	同左	同左	3-23
出荷と配送	・顧客に支配が移転した後の配送活動は履行義務として取り扱わなくても構わない ・国内販売であれば出荷時に収益認識も構わない	同左	同左	3-24 3-25
工事契約及び受注制作ソフトウェア	一定期間で収益認識する要件に該当しない場合、原価回収基準もしくは一時点で収益認識	同左	同左	3-26
割賦販売	割賦基準は廃止	割賦基準（延払基準）は廃止（経過措置あり）	割賦基準（延払基準）は廃止（経過措置あり）	3-27
回収まで長期間	財・サービスの対価と金利を区分しそれぞれ認識する	同左	区分せず、返還不要なものは受領時に全額課税売上	3-28

Q2-2

法人税法上の益金算入時期の考え方について教えてください。

Answer.

会計と法人税は基本的に同じ取扱いとなります。

1…従来の考え方の明文化

従来から、別段の定めを除き、権利確定主義による益金算入が行われてきましたが、その考え方が明文化されたのが法人税法第22条の2第1項です。

▶法人税法第22条の2第1項

内国法人の資産の販売若しくは譲渡又は役務の提供に係る収益の額は、別段の定めがあるものを除き、その資産の販売等に係る目的物の引渡し又は役務の提供の日の属する事業年度の所得の金額の計算上、益金の額に算入する。

2…会計基準に合わせた収益認識を認める旨の明文化

基本的には**1**にあるように、目的物の引渡しや役務の提供があった日の属する事業年度の益金となりますが、当該日でなくとも、一般に公正妥当と認められる「会計基準」に基づき、当該日に接近する日の属する事業年度の確定決算において収益として経理した場合には、法人税法上も益金となる旨が規定されました。従来からも、法人税法第22条第4項に「当該事業年度の収益の額は、別段の定めがあるものを除き、一般に公正妥当と認められる会計処理の基準に従って計算されるものとする。」との規定はありましたが、この規定の効力を維持するために、当会計基準等も意識した法人税法第22条の2第2項が規定されました。

▶法人税法第2条の2第2項

資産の販売等に係る収益の額につき一般に公正妥当と認められる会計処理の基準に従って当該資産の販売等に係る契約の効力が生ずる日その他の前項に規定する日に近接する日の属する事業年度の確定した決算において収益として経理した場合には、同項の規定にかかわらず、当該資産の販売等に係る収益の額は、別段の定めがあるものを除き、当該事業年度の所得の金額の計算上、益金の額に算入する。

したがって、別段の定めがある場合を除き、会計と法人税は基本的に同じ取扱いとなりました。ただし、当該別段の定めにより、完全に一致ではありません（項目ごとに概括的に異同点を把握するには、Q2-1を参照してください。また、各項目の会計･税務の詳細規定はChapter3を参照してください）。

また、ここでは、一般に公正妥当と認められる「会計基準」といっており、当会計基準等に限っていません。

まず、当会計基準等を適用し、それに基づき収益認識しているものは、それを法人税法上も認める、ということになります。ここには、適用指針における「代替的な取扱い」により、出荷基準等によった場合も含まれます。

それに対し、当会計基準等に限っていないことから、特に当会計基準等を適用する義務のない（適用することも可能ではありますが）中小企業等において、従来からの会計基準に基づく処理（契約効力発生日基準、仕切清算書到達基準、検針日基準等）も、この同法第2項により法人税法上も認められるということになります（国税庁「収益認識に関する会計基準」への対応について）。ただし、割賦基準における回収基準は、接近する日とは認められません。割賦基準（＝税務上の延払基準）は、平成30年度税制改正により廃止されました。ただし、経過措置があります。

さらには、当該接近する日（例えば契約効力発生日）の属する事業年度において、あえて申告調整を行い、法人税法上益金に算入することも可能です。ただし、引渡し等の日又は接近する日の属する事業年度に会計上収益計上しているものを、申告調整により、他の事業年度の益金とすることは認められていません。

Q2-3

法人税法上の益金算入単位の考え方について教えてください。

Answer.

会計と法人税は基本的に同じ取扱いです。

1…収益の計上単位の通則

基本的にはこれまでと同様に契約単位で収益計上を行いますが、当会計基準等を適用している場合で一定の場合には、履行義務単位での収益認識も可能です。一定の場合とは、下記に掲げる場合で、その場合ごとに次に定める単位での収益認識が可能です（法基通 2-1-1）。これにより、会計と法人税の差がなくなります。

契約の結合 (法基通 2-1-1(1))	同一の相手方及びこれとの間に支配関係その他これに準ずる関係のある者と同時期に締結した複数の契約について、当該複数の契約において約束した資産の販売等を組み合わせて初めて単一の履行義務となる場合	当該複数の契約の組合せ
契約の分解 (法基通 2-1-1 (2))	1つの契約の中に複数の履行義務が含まれている場合	それぞれの履行義務ごと

また、同一の相手方及びこれとの間に支配関係その他これに準ずる関係のある者と同時期に締結した複数の契約について、次のいずれかに該当する場合には、当該複数の契約を結合したものを1つの契約とみなして「契約の分解」を適用することとなります（法基通 2-1-1(注)(1)）。

⑴　当該複数の契約が同一の商業目的を有するものとして交渉されたこと。

⑵　１つの契約において支払を受ける対価の額が、他の契約の価格又は履行義務により影響を受けること。

（契約の結合）《イメージ》

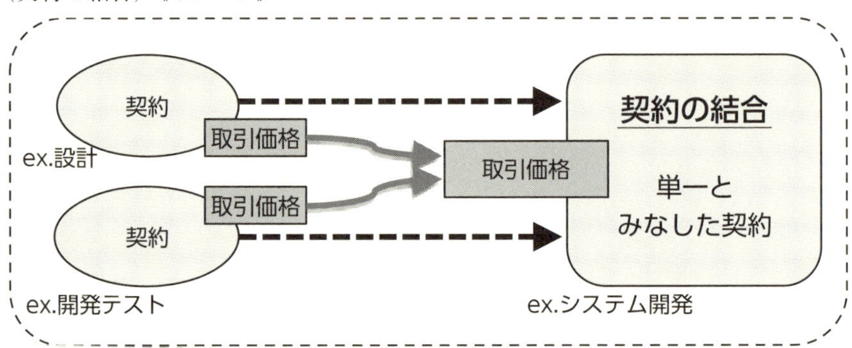

（契約の分解）《イメージ》

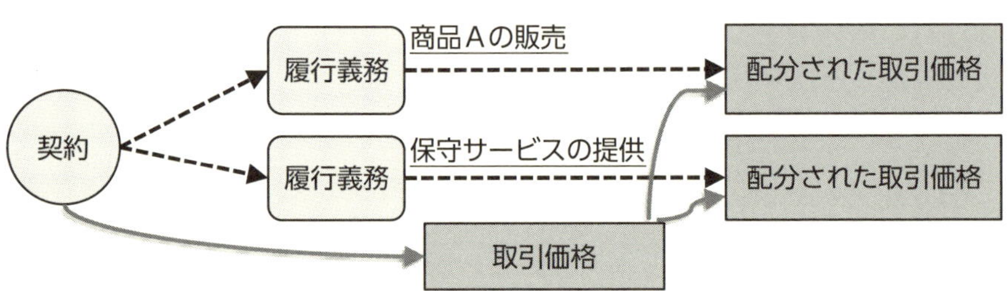

※出典：「「収益認識に関する会計基準」への対応について～法人税関係～　国税庁　平成30年5月」

【コラム】～契約量の見直しをしましょう～

複雑な契約関係ですと、単に契約単位で税務処理を行えばよい、といわけにはいかなくなりますので、処理の単純化のためにも契約の締結方法や契約関係を見直す必要があります。

Chapter 3

具体的事例 Q&A

Q3-1

Step1

契約が変更（工事の途中で契約が変更）になった場合、これまでと何が変わるのですか？

Answer.

契約変更の内容が範囲の拡大等一定の要件を満たす場合には、独立した契約として処理することになります。

一方、契約変更が独立した契約として処理されない場合には、契約変更日以前に提供した財・サービスと提供していない財・サービスが別個のものか否かで処理が変わります（Q1-4 参照）。

別個のものと判断される場合は、既存契約の解約及び新規契約として処理し、別個のものでない場合は、契約変更を既存契約の一部であると仮定して処理することになります。

なお、法人税及び消費税の取扱いは会計と同様となります。

1…会計上の論点：契約の識別

契約変更とは、契約の範囲又は価格（あるいはその両方）の変更と定義されています。

実務上、追加工事の発生や仕様の変更など、工事契約の変更は生じることが多いです。

Q1-4 にもあるように、契約変更によって契約の範囲が拡大（別個の財・サービスの提供）し、契約変更による変更契約金額が新たに提供する財・サービスの独立販売価格を反映しているものである場合は、追加部分を独立した契約として処理することになります（方法①）。

上記の条件を満たさない場合は、いまだ顧客に提供していない財・サービスが、契約変更日以前にすでに顧客に提供した財・サービスと別個のものか否かで処理が分かれます。

別個のものである場合は、既存の契約を解約して新しい契約を締結したと仮定して処理をします。一方で、別個のものでない場合は、既存の契約の一部であると仮定して処理をする必要があります（方法②）。また、完全な履行義務の充足に向けて進捗度及び取引価格が変更される場合は、契約変更による影響額を契約変更日において収益の額に反映させることになります（方法③）。

また、別個のものとそうでないものが混在している場合は、それぞれの方法で処理をします。

なお、契約変更による財・サービスの追加が既存の契約内容に照らして重要性が乏しい場合は、方法①～③のいずれの方法も適用することができます。

これに関しての税務上の取扱いは、事例の中で解説します。

2…事 例

(1) 前提（方法③に該当）

- A社（建設会社）は、X1年度に、B（顧客）の所有する土地にBの自宅を建設する契約をBと締結した。契約の対価は100,000千円である。
- 契約における建設費用見積額は80,000千円である。
- A社は、Bが建設中の建物を支配しており、約束した財・サービスの束を一定の期間にわたり充足される単一の履行義務として処理するものと判断した。
- X1年度末までに発生した原価は48,000千円であった。
- X2年度に、A社とBは、建物の間取りを変更するため、契約を変更することに合意した。その結果、契約の対価は5,000千円、見積工事原価は3,000千円増加し、契約変更後の対価は105,000千円となった。なお、

X2年度の期首から契約変更時までに原価は発生していない。

- A社は当該契約の変更について、変更後の契約により移転する残りの財・サービスが、契約変更日以前に移転した財・サービスと別個のものではないと判断し、この契約を引き続き単一の履行義務として処理するべきと判断したため方法③により処理する。

(2) 従来の処理

会計

(単位：千円)

(X1年度末)

(借) 完成工事未収入金	66,000	(貸) 工事売上	60,000	*1
		仮受消費税	6,000	

(契約変更時)

(借) 完成工事未収入金	759	(貸) 工事売上	690	*2
		仮受消費税	69	

＊1　100,000千円×48,000千円÷80,000千円

＊2　105,000千円×57.8%（48,000千円÷83,000千円）－60,000千円

法人税

会計と同じ（申告調整なし）です。

(3) 適用後の処理

会計

(単位：千円)

(X1年度末)

(借) 契約資産	66,000	(貸) 工事売上	60,000
		仮受消費税	6,000

(契約変更時)

(借) 契約資産	759	(貸) 工事売上	690
		仮受消費税	69

基本的には従来の会計処理と変わりませんが、勘定科目が契約資産になります。

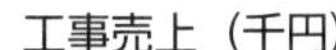

法人税

会計と同じ（申告調整なし）です。

【イメージ図】

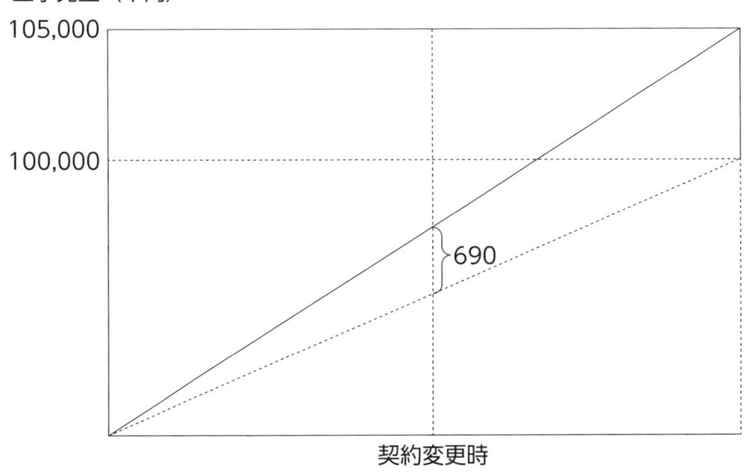

Q3-2

Step2

履行義務の識別から売上の計上時期について教えてください（サイズ直しの場合）。

Answer.

サイズ直し部分の履行義務が財の引渡しに係る履行義務と単一と考えられる場合にはサイズ直し後にすべての売上を計上します。一方で、両者が別個の履行義務と考えられるのであれば、財の引渡しに係る売上はサイズ直し前の財の引渡し時に、サイズ直しに係る売上はサイズ直し完了後に認識します。税務上も基本的には同様です。

1…会計上の論点：単一の履行義務か？別個の履行義務か？

Chapter1 のステップ2にあるように、当会計基準等では、次の、別個の財・サービス又は一連の別個の財・サービスのいずれかを履行義務として識別します（会計基準7）。

(1) 別個の財・サービス

単発の他の区別できる財・サービスあるいはその束

履行義務その1　履行義務その2

(2) 一連の別個の財・サービス

特性が実質的に同じであり、顧客への提供パターンが同じである複数の財・サービス

2…事 例

ここでのサイズ直しとは、例1：量産品である洋服の購入、例2：ウェディングドレスの購入として考察していきます。

ポイントは、サイズ直し部分が履行義務として切り離せるかどうかです。

《例 1：量産品である洋服の購入》

顧客はサイズ直しすることを前提に購入していますが、サイズ直しを購入店舗でしなければならないわけではありません。家の近くの安いお店でサイズ直しをすることもありますし、いったん使用して、やはり裾が短いほうがいい、と思うこともあります。したがって、サイズ直しを購入店舗でするか否かにつき、顧客が自由に選べる場合には、商品自体の売上とサイズ直し料金の売上は別個の履行義務に係るものと考えられます。また、このような場合には、このような場合にはサイズ直しについて追加料金が発生する場合が多いと考えられ、サイズ直しについての追加料金が発生するのであればなおさら、当該追加料金は別個の履行義務を果たした成果と考えられ、商品の引渡しとサイズ直しが別個の履行義務となると考えられます。

【サイズ直しについて追加料金をもらう場合】

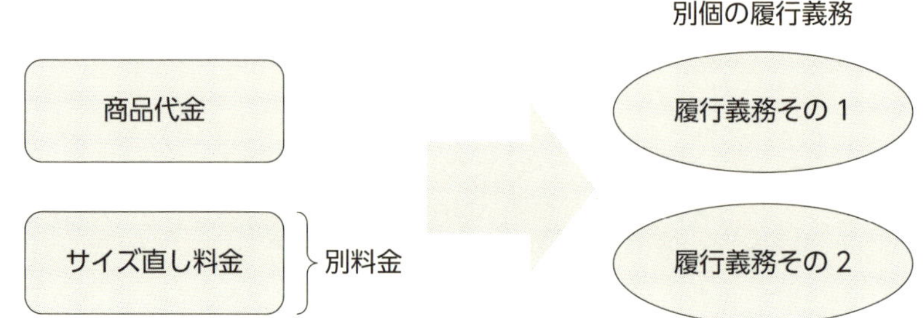

もっとも、サイズ直しを購入店舗でするか否かにつき顧客が自由に選べるとはいえ、それが明示されていない等、実質的に顧客はサイズ直しまでのサービスを見込んで当該商品を購入している（サイズ直しを購入店舗で行えないなら、購入自体しない）場合には、商品の引渡しとサイズが単一の履行義務となる場合もあります。

商品の引渡しとサイズ直しが別個の履行義務であれば、前者に係る売上は商品の引渡し時、後者に係る売上はサイズ直し完了時に認識することとなります。価格が単一でしか示されていない場合には、価格の配分をすることが必要になります。価格の配分に関してはQ3-4を参照してください。

【売上計上時期～別個の履行義務】

《例２：ウェディングドレスの購入》

ウェディングドレスのように特注品の場合には、購入後自分の

サイズに直すことが通例であり、むしろサイズ直しなしで購入して終了、というケースは稀であると考えられます。また、サイズ直しまでを同一の店舗に依頼する場合が多いと考えられます。

このような場合には、各顧客のサイズに合った商品を提供するところまでが履行義務と考えられますので、商品の引渡しとサイズ直しは単一の履行義務であると考えられます。

単一の履行義務であれば、サイズ直しが終了して、サイズ直しの後の商品が引き渡された時点で、商品の引渡しとサイズ直しの両者に係る売上を認識することになります。

【売上計上時期～単一の履行義務】

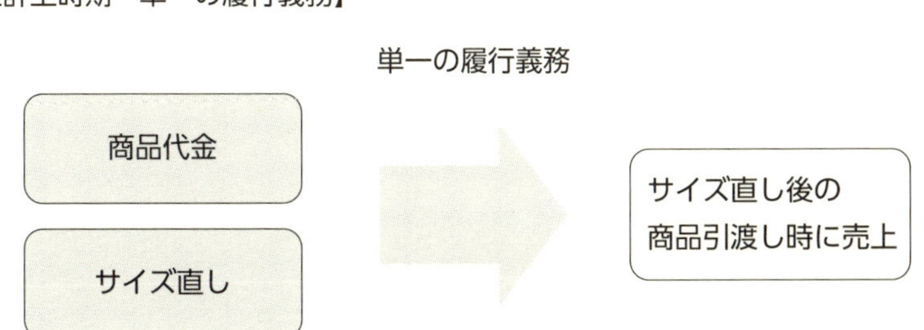

Q3-3 Step2

履行義務の識別から売上の計上時期について教えてください（オンラインゲームの場合）。

Answer.

履行義務の識別に関して考え方が複数ある場合には、契約等の事実関係を明らかにしたうえで判断を行う必要があります。

1…会計上の論点：何を履行義務として識別するか？

Chapter1 にあるとおり、当会計基準等では収益を認識するための５つのステップが設けられています。その５つのステップの中でも特に重要なのが、ステップ２における履行義務の識別です。

収益は、ステップ５において履行義務が充足された時点で認識することとなります。そして、その履行義務の充足時点を具体的に決定するのがステップ２における履行義務の識別という作業になります。

2…事 例

(1) 前提

- オンラインゲームを提供しているＡ社の収益認識について考えます。
- オンラインゲームの利用者は、ゲーム内のみで使用できる通貨（以下、「ゲーム内通貨」という）を現金で購入します。利用者は、ゲーム内通貨を用いてゲーム内で利用できるアイテムを購入することができます。アイテムは、ゲーム内で利用することによりその効果を発揮します。

- A 社は、利用者に対するゲーム内通貨の販売により利益を獲得します。なお、利用者はゲーム内通貨を購入後に払い戻しをすることはできません。

(2) A 社の履行義務の識別

さて、オンラインゲームを提供している A 社の履行義務は何でしょうか？　当会計基準等においては、履行義務の充足時点で収益が認識されるため、この履行義務を何と捉えるかによって収益が認識されるタイミングが異なることとなります。

	履行義務	収益認識時点
考え方 1	A 社の履行義務は、利用者にゲーム内通貨を提供し、利用者がアイテム購入できる状態にすること	利用者がゲーム内通貨を購入した時（課金時）
考え方 2	A 社の履行義務は、利用者にゲーム内通貨を提供し、利用者に実際にアイテム購入をさせること	利用者がゲーム内でアイテムを購入した時
考え方 3	A 社の履行義務は、利用者にゲーム内通貨を提供し、利用者に実際にアイテム購入をさせ、それを消費させること	利用者がゲーム内でアイテムを消費した時

この 3 つの考え方のうち、どれを採用するかによって収益の認識時点も異なることとなります。

考え方 1 を採用した場合、収益の認識時点は利用者がゲーム内通貨を購入した時、いわゆる課金時となります。同様に、**考え方 2** を採用した場合はゲーム内におけるアイテム購入時、**考え方 3** を採用した場合はゲーム内におけるアイテム消費時となります。

(3) 実務的な対応方法

このようなケースにおいて、実際にはどのようにして最終判断がなされるでしょうか。

実務的には、取引の概要把握及び関連する契約関係の洗い出し（ステップ1）が最初に行うべき作業となります。それらを総合的に勘案して、履行義務の識別（ステップ2）を行います。

【コラム】～履行義務の充足時点に関するデータがあるか!?～

履行義務は、契約関係の事実を踏まえて識別する必要があります。しかしここで、会計上注意しておくべき重要なポイントがあります。それは、“そもそもデータがあるか否か”です。

例えば、上で説明したケースにおける考え方3を採用した場合です。考え方3では、利用者がゲーム内でアイテムを消費した時に収益を認識することとなりますが、その時点に関するデータがそもそも蓄積されていない可能性があります。なぜなら、「アイテムがいつ消費されたのか」というデータを蓄積しておく必要性が、そもそもない場合もありうるからです。必要がないデータは当然ながら蓄積されることはありません。

	収益認識時点	データの有無
考え方1	利用者がゲーム内通貨を購入した時（課金時）	有り
考え方2	利用者がゲーム内でアイテムを購入した時	有り
考え方3	利用者がゲーム内でアイテムを消費した時	無し

したがって、ステップ2における履行義務の識別を行う際には、あわせてその履行義務の充足時点に関するデータがあるか否かを意識しておくことが大切です。そして、データが無い場合には、その取得方法をすぐに検討開始しなければいけません。

Q3-4

Step4

取引価格を配分する場合はどうするのですか？

Answer.

取引価格を原則として独立販売価格の比率で各履行義務に配分します。なお、法人税及び消費税の取扱いは会計と同様になります。

1 …会計上の論点：取引価格の配分

(1) 取引金額を配分しなければならない場合

例えば、機械を購入した顧客にその後一定期間の保守サービスがセットになっている取引の価格が90万円だったとします。機械の販売と保守サービスが別個の履行義務と判定された場合、すなわち、契約が複数の履行義務に分割される場合、契約価格の90万円を機械の代金と保守サービスの代金に配分する必要があります。

また、契約上の機械及び保守サービスの価格が各々の独立販売価格と異なる場合には、独立販売価格で機械及び保守サービスの収益を認識することが原則として必要です。

(2) どのように配分するか

当会計基準等では、各履行義務への取引価格の配分は、後述の値引き等がある場合を除き、取引開始日の独立販売価格の比率に基づき配分することになっています（会計基準66、68）。

(3) 独立販売価格とは

では、何をもって独立販売価格とするのでしょうか。当会計基準等では、財・サービスを独立して企業が顧客に販売する場合の価格を独立販売価格としています（会計基準9）。

保守サービス単独の取引を行っていない場合等、独立販売価格が直接把握できない場合、市場の状況、企業固有の要因及び顧客に関する情報等合理的に入手できるすべての情報を考慮し独立販売価格を見積もることとされています（会計基準69）。

具体的な方法として、

① 調整した市場評価アプローチ（財・サービスが販売される市場を評価して、顧客が支払うと見込まれる価格を見積もる方法）

② 予想コストに利益相当額を加算するアプローチ（履行義務を充足するために発生するコストを見積もり、当該財・サービスの適切な利益相当額を加算する方法）

③ 残余アプローチ（取引価格の総額から他の財・サービスについて観察可能な独立販売価格の合計額を控除して見積もる方法）

により独立販売価格を見積もる方法があります（適用指針31）。

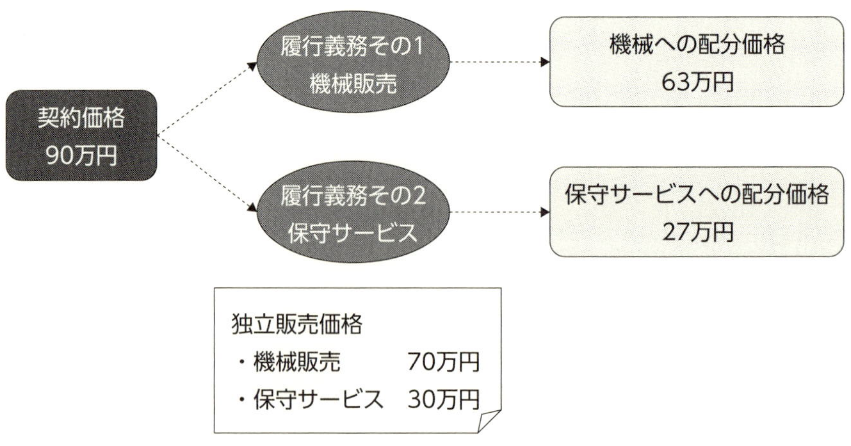

(4) 値引きがある場合

契約におけるすべての履行義務に比例的に配分します。ただし、特定の履行義務に対して値引きされたことが明確であれば、その特定の履行義務に配分します（会計基準70、71）。

(5) 変動対価がある場合

変動対価（変動性のある支払の条件）が特定の履行義務に関連していて、すべての変動対価を特定の履行義務に配分することが最も実態に合っているならば、すべての変動対価を当該特定の履行義務に配分します。

それ以外の場合、上記**(2)**～**(4)**の方法で配分します（会計基準72、73）。

2…事 例

(1) 前提

- A社は汎用的な業務用機械を製造販売している。
- A社は機械をB社に3台販売した。1台の定価は1,400千円である。顧客には明示していないが、機械の価格が1,000千円、保守サービスの価格が2年で400千円相当と見積もっている（独立販売価格に等しいものとする）。
- 顧客は機械購入後、当該機械に対して毎月1回、保守サービスを2年間追加コストなしに受けられる。
- A社の価格テーブルによると、3台以上購入した顧客に対して全体から10%値引きすることになっている。
- A社は保守サービスも1回の顧客訪問で3台まとめて行えるため、10%の値引きを機械販売及び保守サービスの両方（全体）に対して行うものと考えている。よって、機械1台当たりの内訳は、機械の価格が900千円、保守サービスの価格が2年で360千円である。

(2) 従来の処理

会計

1年目　　（単位：千円）

㈰ 売掛金	4,158	㈼ 売上高	3,780 *
		仮受消費税	378

＊ 1,400 千円×（1-10 %）× 3 台 =3,780 千円
機械の販売時点で全収益を認識していた例が多かったと思われます。

法人税

会計と同じ（申告調整なし）です。

(3) 適用後の処理

会計

1年目　　（単位：千円）

㈰ 売掛金	2,970	㈼ 売上高	2,700 *1
		仮受消費税	270
㈰ 売掛金	594	㈼ 売上高	540 *2
		仮受消費税	54

＊1　機械の販売価格 1,000 千円×（1-10 %）× 3 台 =2,700 千円
＊2　保守サービスの価格 400 千円 /2 年×（1-10 %）× 3 台 =540 千円

2年目　　（単位：千円）

㈰ 売掛金	594	㈼ 売上高	540
		仮受消費税	54

法人税

会計と同じ（申告調整なし）です。

【コラム】～経理での実務的な対応～

値引きや変動対価が絡む場合を含め、取引が行われる都度、取引価格の配分をしなければならないか否か会計処理（仕訳）をする段階で検討するのは実務上、煩わしい作業となります。そこで、不特定多数の相手に販売する取引であれば、例えば、機械単独の価格は 70 万円、保守サービスとのセットは値引きが適用され、機械が 63 万円、保守サービスが 27 万円というように価格テーブルを予め設定しておくことにより、独立販売価格の内訳を請求書に記載することが可能となります。よって、請求書に従って会計処理すればよいということになります。

一方、顧客仕様にカスタマイズされた機械に保守サービスもセットにする取引であれば、顧客との価格交渉により値引きも含め、機械及び保守サービスの価格について合意して契約するのが通常と思われます。顧客ごとに機械の仕様はもちろん保守サービスの内容も異なるわけですから、当該顧客との間に特別利害関係がなければ、契約した価格を独立販売価格とみなして契約価格に従って会計処理すればよいということになります。

ただし、契約書の作成段階で、各履行義務（機械の販売及び保守サービス）の価格を決めておく必要がありますので、当会計基準等への準備作業として契約書の作成を担当する部署が、履行義務とそれらの価格をすべて契約書に記載するように記載ルールを見直しておく必要あるでしょう。

Q3-5　Step3

最頻値法と期待値法の具体的計算方法を教えてください。

Answer.

最頻値法とは、発生し得ると考えられる対価の額における最も可能性の高い単一の金額、すなわち最頻値を見積り額として用いる方法です。

期待値法とは、発生し得ると考えられる対価の額を確率で加重平均した金額、すなわち期待値を見積り額として用いる方法です。

当会計基準等では、例えば、変動対価、つまり顧客と約束した対価が変動する可能性がある部分につき、見積り計算を要求しています。

そして、その具体的方法として、最頻値による方法と期待値による方法の2つが示されています（会計基準51）。

最頻値法	発生し得ると考えられる**対価の額**における最も**可能性の高い単一の金額**（最頻値）による方法
期待値法	発生し得ると考えられる**対価の額**を**確率**で**加重平均した金額**（期待値）による方法

〈計算例〉

例えば、販売促進のための値引きを以下のように行うと予測したとします。このとき、値引き額の見積額としてはどのような金額を採用すべきでしょうか？

値引き額の予想	そうなる確率
1,000 千円	5%
2,000 千円	65%
3,000 千円	30%
計	100%

Chapter 3

1．最頻値による方法

最頻値とは、最も可能性の高い単一の金額です。

この例の場合、最も可能性が高いのはそうなる確率が 65％の 2,000 千円です。

したがって、2,000 千円を対価の額の見積り値として採用します。

値引き額の予想	そうなる確率
1,000 千円	5%
2,000 千円	65%
3,000 千円	30%
計	100%

最も発生の可能性が高い

2．期待値による方法

期待値とは、確率を用いて発生する可能性のある金額に重みづけをして足し合わせた金額です。

上の例の場合、以下のような算式により金額を算出します。

期待値＝1,000 千円×5％＋2,000 千円×65％＋3,000 千円×30％

＝2,250 千円

したがって、2,250 千円を対価の額の見積り値として採用します。

値引き額の予想	そうなる確率
1,000 千円	5%
2,000 千円	65%
3,000 千円	30%
計	100%

各金額を確率を用いて重みを付ける

Q3-6

Step5

一定期間にわたり収益認識するのはどのような場合ですか？

Answer.

履行義務の充足の仕方が一定期間にわたり、かつ、進捗度の見積りが可能な場合、一定期間に収益認識します。

1…履行義務の充足の仕方よる判断

企業は顧客に財・サービスを提供し、履行義務を充足したときに収益を認識します。第一段階として、この履行義務の充足の仕方が一定の期間にわたるのか、あるいは、一時点なのかを判断します。

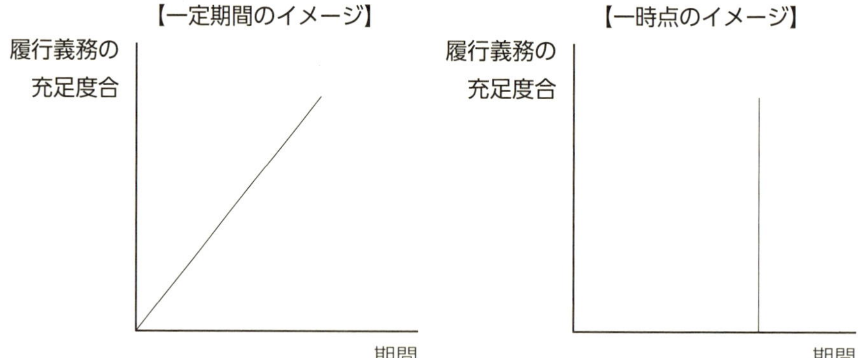

以下の(1)から(3)のいずれかに該当すれば一定の期間にわたり充足される履行義務として判断します（会計基準38）。一方、いずれも満たさない場合は一時点で充足する履行義務として判断し、一時点で収益認識を行うことになります。

⑴　顧客との契約における義務を履行するにつれて、顧客が便益を享受すること。

☝言い換えると、仮に契約を途中解約したとしても新たに契約した他社は、当社が途中まで完了した作業を最初に戻って大幅にやり直す必要がないこと。例えば、オフィスの清掃サービス等がこれにあたります。

Chapter 3

⑵　顧客との契約における義務を履行することにより資産が生じる（又は資産の価値が増加する）、又は、当該資産が生じる（又は当該資産の価値が増加する）につれて顧客が当該資産を支配すること。

☝言い換えると、顧客と契約した仕事を行うにつれて新たに仕掛品のような資産ができ、その資産が顧客の支配下にあること、あるいは仕掛品の価値がさらに増加し、引き続き顧客の支配下にあること。例えば、顧客の土地の上に建物の建設を行う場合等がこれに当たります。

⑶　顧客との契約における義務を履行することにより、別の用途に転用することができない資産が生じ、かつ、顧客との契約における義務の履行を完了した部分について、対価を収受する強制力のある権利を有していること。

☝言い換えると、顧客と契約した仕事を行うにつれて他に転用できない資産ができること、かつ、顧客都合でキャンセルされてもコストに適正な利益を加えた金額等で対価を法的にもらう権利があること。例えば、顧客仕様にカスタマイズされたソフトウェアの受注制作等がこれにあたります。

2…進捗度の見積りが可能か否かによる判断

一定の期間にわたり充足される履行義務と判断されたものにつき、当該履行義務の充足に係る進捗度を見積もります。

進捗度の見積りの方法には、アウトプット法とインプット法の２つがあります。アウトプット法は顧客にすでに提供した財・サービスといまだ提供していない財・サービスとの比率で進捗度を見積もる方法です。一方、インプット法は発生したコスト及び労働時間等と見積総コスト及び見積総労働時間等との比率で進捗度を見積もる方法です。

工事契約及び受注制作ソフトウェアの場合、実務上、データの入手の容易さからインプット法が多く採用されると思われます。

履行義務の充足に係る進捗度を合理的に見積もることができたものにつき、一定の期間で収益を認識します。一方、進捗度の合理的な見積りができない場合、一時点で収益を認識するか、又は、下記 3. に記載の原価回収基準により収益を認識します。

3…進捗度の見積りができない場合

進捗度の合理的な見積りができない場合でも、作業が進捗するにつれて発生する原価（コスト）を回収することが見込まれる場合には進捗度の合理的な見積りが可能になるまで、回収することが見込まれる原価の金額で収益認識する原価回収基準を適用することになります（会計基準 45）。

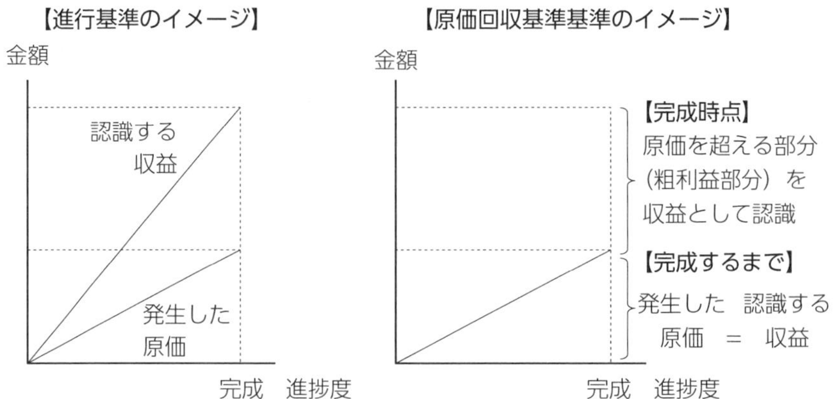

なお、契約の初期段階において、進捗度を合理的に見積もることができない場合には、その段階で発生した費用に重要性が乏しいと考えられることから、原価回収基準を適用しない代替的な取扱いが認められています(適用指針99)。すなわち、進捗度を合理的に見積もることができる時から収益を認識することができます。

Q3-7

Step3

リベートの支払がある会社は収益の金額についてこれまでと何が変わるのですか？

Answer.

リベートは変動対価として収益の額を算定する一要素として取り扱うことになります。

変動対価のうち、取引価格に含められるのは不確実性解消時に、収益の著しい減額が発生しない可能性が高い部分に限定されます。

また、変動対価の見積り方法としては最頻値法と期待値法の 2 つがあります（Q3-5 参照）。

なお、法人税法上の取扱いは会計と同様となり、消費税法上の取り扱いは販売時に総額が課税売上となります。

1 …会計上の論点：取引価格の算定

従来、リベートについては、売上の総額を収益計上したうえで、確定した（又は合理的に見積もった）リベートを売上値引として処理している、もしくは費用として処理している実務が多かったと考えられます。

当会計基準等適用後はリベートを変動対価として取り扱い、合理的に見積もったリベートを収益の額から減額することとなります。

変動対価のうち、取引価格に含められるのは不確実性解消時に、収益の著しい減額が発生しない可能性が高い部分に限られる点に留意が必要です。

これに関しての税務上の取扱いは、事例の中で解説します。

2…事 例

(1) 前提

- 食料品メーカーA社と卸売業者B社との契約書には、以下の記載がある。
  - ① 年間取引金額が前年の100%以上の場合、A社はB社に対して取引総額の1%の値引を行う。
  - ② 年間取引金額が前年の120%以上の場合、A社はB社に対して取引総額の0.5%の追加値引を行う。
- A社は×1年においてA社はB社に100,000千円を販売した。
- A社は×2年第2四半期において、×2年の年間取引金額は×1年を上回るであろうと判断しているが、×1年の120%以上になるとは判断していない。なお、第2四半期までの取引金額は55,000千円であった。
- ×2年終了時においての年間取引金額は130,000千円であった。

(2) 従来の処理

会計　　(単位：千円)

(×2年　第2四半期)

(借) 売掛金	60,500	(貸) 売上	55,000
		仮受消費税	5,500

(×2年　期末)

(借) 売掛金	82,500	(貸) 売上	75,000
		仮受消費税	7,500
(借) 売上値引	1,950	(貸) 売掛金	2,145
仮受消費税	195		

従来より四半期毎にリベートを見積もり計上していた実務もあったと考えられますが、A社では×2年第2四半期時点でリベートが確定していないため、売上値引を計上しない処理を採用しています。

期末において、B社との年間取引金額が前年の120%以上になることが確定したため、年間取引金額に1.5%を乗じてリベートを計上しています。

具体的には、年間リベート130,000千円×1.5%＝1,950千円となります。

法人税

会計と同じ（申告調整なし）です。

(3) 適用後の処理

会計

（単位：千円）

（×2年　第2四半期）

[借]	売掛金	60,500	[貸]	売上	55,000
				仮受消費税	5,500
[借]	売上	550	[貸]	返金負債	550 ＊

（×2年　期末）

[借]	売掛金	82,500	[貸]	売上	75,000
				仮受消費税	7,500
[借]	返金負債	550	[貸]	売上	550
[借]	売上	1,950	[貸]	売掛金	2,145
	仮受消費税	195			

＊ 55,000 × 1 %

当事例では対価は0%、1%又は1.5%の3パターンであり、より適切に見積もれると判断した最頻値法によっています。

×2年第2四半期においてA社は年間取引金額が×1年の100%以上120%未満であると判断しているため、適用されるリベートは年間取引金額の1%と考えていることから、著しい減額が発生する可能性のある1%を除き、売上を99%で計上することになります。この未確定のリベートによる売上減少額を示すのが返金負債です。

なお、消費税については当会計基準等適用前から変更なく、リベート確定時に対価の返還として仮受消費税から控除します。

期末において、B社との年間取引金額が前年の120%以上になることが確定したため、第2四半期で計上したリベート仕訳を取り崩し、年間取引総額を基に再計算した結果を売上から控除します。

法人税

会計と同じ（申告調整なし）です。

IFRS15号適用会社の開示例

【協和発酵キリン株式会社　平成30年12月期有価証券報告書】

経理の状況≫連結財務諸表≫連結財務諸表注記≫重要な会計方針

> 製商品の販売から生じる収益は、販売契約における対価から販売数量又は販売金額に基づくリベートや値引きなどを控除した金額で算定しており、顧客に返金すると見込んでいる対価を返金負債として計上しております。

【サッポロホールディングス株式会社　平成30年12月期有価証券報告書】

経理の状況≫連結財務諸表≫連結財務諸表注記≫売上収益

> 国内酒類事業、国際事業、食品・飲料事業における製品は、販売数量や販売金額などの一定の目標の達成を条件としたリベート（以下、達成リベート）などを付けて販売される場合があります。その場合の取引価格は、顧客との契約において約束された対価から達成リベートなどの見積りを控除した金額で算定しております。
>
> 達成リベートなどの見積りは過去の実績などに基づく最頻値法を用いており、収益は重大な戻入れが生じない可能性が非常に高い範囲でのみ認識しております。

Q3-8

Step3

返品される可能性のある販売取引を行う会社の収益の金額はどう変わるのですか？

Answer.

返品権のある取引は不確実な販売数量の取引となり、変動対価の取引として処理します。具体的には、見積もられた返品見積額を収益の額から控除し、見合いの返金負債を計上することになります。一方で、収益の額から控除された原価相当分について、返品資産を計上することになります。

当会計基準等適用後は、従来行われていた返品調整引当金の会計処理は認められません。

なお、法人税では控除前の収益の額全額が益金に算入されることになります。また、消費税法上の取扱いは販売時に総額が課税売上となります。

1…会計上の論点：変動対価の会計処理

例えば、再販制度のある出版業界では売れ残った出版物の返品を前提とした取引が行われており、また、小売業では、一般的に企業は顧客に返品権を付与して販売し、店頭にて返品を受け入れています。

返品権は契約上の権利であることもあれば、商慣行による黙秘的な権利の場合もあります。例えば、小売業の場合は「返品できますよ」という明示はされていないとしても、店頭で返品を受け入れることがあります。

当会計基準等では、両者とも返品権付の取引として、取り扱っています。

返品権付きの取引は例えば次の(1)から(3)を受ける権利を顧客に付与するケースが考えられます（適用指針84)。

(1) 顧客が支払った対価の全額又は一部の返金

(2) 顧客が企業に対して負う又は負う予定の金額に適用できる値引き

(3) 別の商品又は製品への交換

このような返品権付の取引は従来、過去の返品率や原価率から減少する売上総利益の金額を見積もり、返品調整引当金として計上していました。当会計基準等適用後は返品調整引当金の計上は認められず、返品により減少すると見込まれる収益の額を見積もり、収益の額から控除することとなります。また、それに係る原価を返品資産として計上することになります。

返品されると見込まれる部分の見積りは、最頻値法と期待値法のどちらか適切な方法で見積もることになりますが、各取引において返品されるかされないかを見積もる最頻値法で見積もるよりも、過去の返品率等合理的な方法で見積もった返品率を各取引に織り込む期待値法の方が結果として実際の返品額に近似すると考えられることから、実務上は期待値法を採用することが多いと考えられます。

これに関しての税務上の取扱いは、事例の中で解説します。

なお、正常品と交換するために欠陥のある商品等を顧客が返品することができる契約は、財・サービスに対する保証として取り扱います（Q3-12参照)。

2…事 例

(1) 前提

- 小売業を営むA社は顧客に対して衣料品を販売している。
- ×1年においてA社の売上は100,000千円であった。
- 過去の実績から合理的に見積もった返品率と粗利率は、3%と10%である。
- A社は商品の回収コストには重要性がなく、返品された商品は利益が生じる販売価格で再販売できると見込んでいる。

- ×2年において2,000千円の返品を受けた。×1年に販売した商品の返品は今後発生しないと見込んでいる。

(2) 従来の処理

会計

（単位：千円）

（×1年　販売時）

(借)	現金	110,000	(貸)	売上	100,000
				仮受消費税	10,000
(借)	売上原価	90,000	(貸)	商品	90,000

（×1年　決算時）

(借)	返品調整引当金繰入	300	(貸)	返品調整引当金	300

（×2年　返品時）

(借)	売上	2,000	(貸)	現金預金	2,200
	仮受消費税	200			
(借)	商品	1,800	(貸)	売上原価	1,800

（×2年　決算時）

(借)	返品調整引当金	300	(貸)	返品調整引当金戻入	300

×1年において販売時に売上の総額を計上し、決算において過去の実績から返品調整引当金300千円（100,000千円×3%×10%）を見積もり、計上しています（その際、売上が減少することはありません）。

×2年において実際に返品が生じた際は売上のマイナスとして処理をします。×2年決算において返品の可能性がなくなったと見込むと、返品調整引当金を取り崩すことになります。

法人税

返品調整引当金は要件を満たさない限り認められません。

なお、衣料品販売では基本的に要件を満たさないと考えられるため、加算調整が必要となります。

(3) 適用後の処理

会計　（単位：千円）

（×1年　販売時）

㈲ 現金	110,000	㈹ 売上	100,000	
		仮受消費税	10,000	
㈲ 売上原価	90,000	㈹ 商品	90,000	

（×1年　決算）

㈲ 売上	3,000	㈹ 返金負債	3,000	
返品資産	2,700	売上原価	2,700	

（×2年　返品時）

㈲ 売上	2,000	㈹ 現金	2,200	
仮受消費税	200			

（×2年　決算時）

㈲ 返金負債	2,000	㈹ 売上	2,000	*
商品	1,800	返品資産	1,800	*
㈲ 返金負債	1,000	㈹ 売上	1,000	*
売上原価	900	返品資産	900	*

＊×２年決算において、×１年に販売した商品の返品は発生しないと見込んだ場合は、残っている返金負債及び返品資産を、それぞれ売上及び商品又は売上原価に振り替えることになります。

当会計基準等適用後であっても、消費税は販売時に販売額総額が課税売上となるため、販売時は総額で収益計上し、決算において合理的に見積もった金額を消費税対象外で返金負債に振り替えて、それに見合う返品資産を計上するという処理になると考えられます。

また、返品があると見込まれる部分について販売時に返品資産を計上することになりますが、返品時には廃棄しないといけないような場合も考えられます。そのため、返品資産の状態について過去の実績等から合理的に見積もる等して、棚卸資産の評価に留意する必要があります。

なお、消費税は実際に返品した際に売上に係る対価の返還として処理をします。

法人税 (仕訳は起こさないためイメージ仕訳)

(×1年　販売時)

(借) 現金	110,000	(貸) 売上	100,000
		仮受消費税	10,000
(借) 売上原価	90,000	(貸) 商品	90,000

(×1年　決算)

仕訳なし

(×2年　返品時)

(借) 売上	2,000	(貸) 現金	2,200
仮受消費税	200		

(×2年　決算時)

仕訳なし

IFRS15号適用会社の開示例

【武田薬品工業株式会社　平成31年3月期第1四半期報告書】

経理の状況≫要約四半期連結財務諸表等≫要約四半期連結財務諸表注記≫重要な会計方針

IFRS第15号適用の結果、当社グループは関連する会計方針を次のとおり、更新、改訂しております。

・返品調整引当金は、当社グループの過去の経験から将来の返品見込額を合理的に見積ることができる場合に収益の控除項目として認識されます。その際、顧客からの返品に関する過去の経験及びその他の関連する要因を考慮して決定された返品見込率が使用されます。返品見込率を請求額に乗じて将来の返品見込額を見積もります。

【花王株式会社　平成30年12月期有価証券報告書】

経理の状況≫連結財務諸表≫連結財務諸表に関する注記事項≫収益

> 化粧品の販売にあたっては、製品の改廃に伴い顧客から一定の返品が発生することが想定されます。顧客が製品を返品した場合、当社グループは当該製品の対価を返金する義務があるため、顧客に対する予想返金について、収益の控除として返品に係る負債を認識しております。当該返品に係る負債の見積りにあたっては過去の実績等に基づく最頻値法を用いており、収益は重大な戻入れが生じない可能性が非常に高い範囲でのみ認識しております。なお、顧客が製品を返品する場合、当社グループは顧客から製品を回収する権利を有しておりますが、返品は主に改廃に伴うものであるため、返品される製品に資産性はなく当該資産は認識しておりません。

Q3-9

Step3

販売後に企業が顧客（あるいは顧客の顧客）に対して対価を支払う場合、これまでと何が変わるのですか？

Answer.

顧客（あるいは顧客の顧客）に支払われる対価が顧客から受け取る別個の財・サービスと交換に支払われるものではない場合、取引価格から減額することになります。

法人税については会計と同様の処理となる一方、消費税については販売時に販売総額が課税売上となり、顧客（あるいは顧客の顧客）への支払時に課税仕入となるため、会計及び法人税と差が生じます。

1…会計上の論点：取引価格の算定

メーカーと小売業者との間で、自社製品を目立つところに陳列してもらうための手数料、いわゆる棚代を支払う実務があります。

従来の日本基準では、棚代のように顧客に支払われる対価に関する会計処理は特に定められておらず、実務上は支払った棚代を販売促進費として処理していることが多く見受けられました。

当会計基準等適用後は、顧客に支払われる対価が顧客との別取引にかかるものでない限り、売上の減額となります。

また、売上から減額するタイミングは、次のいずれか遅い事象が発生した時点又は、発生するにつれて減額することになります。

(1) 関連する財・サービスの移転に対する収益を認識する時点

(2) 企業が対価を支払う時点、又は支払を約束した時点（当該支払が将

来の事象を条件とする場合も含む。また、支払の約束は、取引慣行に基づくものも含む）

これに関しての税務上の取扱いは、事例の中で解説します。

2…事 例

(1) 前提

- A社は飲料品メーカーである。
- ×3年においてA社が小売業者であるB社に棚代200千円を支払い、今後A社製品を優先的に陳列してもらうこととなった。最低販売金額(B社がA社から購入しなければならない金額）は10,000千円の契約である。
- ×3年A社は15,000千円をB社に販売した。

(2) 従来の処理

会計

（単位：千円）

（×3年　棚代支払時）

㈹ 販売促進費	200	㈺ 現金預金	220
仮払消費税	20		

（×3年　商品販売時）

㈹ 売掛金	16,500	㈺ 売上	15,000
		仮受消費税	1,500

法人税

会計と同じ（申告調整なし）です。

(3) 適用後の処理

会計

（単位：千円）

（×3年　棚代支払時）			
[借] 販売促進費	200	[貸] 現金預金	220
仮払消費税	20		
（×3年　商品販売時）			
[借] 売掛金	16,500	[貸] 売上	15,000
		仮受消費税	1,500
売上	200	販売促進費	200

当会計基準等適用後は、棚代のように顧客から別途購入するものの代金ではない場合は、顧客に支払われる対価が顧客から受け取る別の財・サービスと交換に支払われるものでないため、売上の減額となります。

事例では最低販売金額10,000に対し、棚代200を支払っており、それを販売促進費から売上のマイナスに振り替えることとなります。

収益減額のタイミングは棚代支払時よりも収益認識時点が遅いため、収益認識時点となります。

法人税については調整は不要ですが、消費税は販売時に販売総額が課税売上、棚代支払時に支払額が課税仕入となるため、実務上はいったん総額で課税売上を計上し、対象外で販売促進費と相殺する処理が必要になると考えられます。

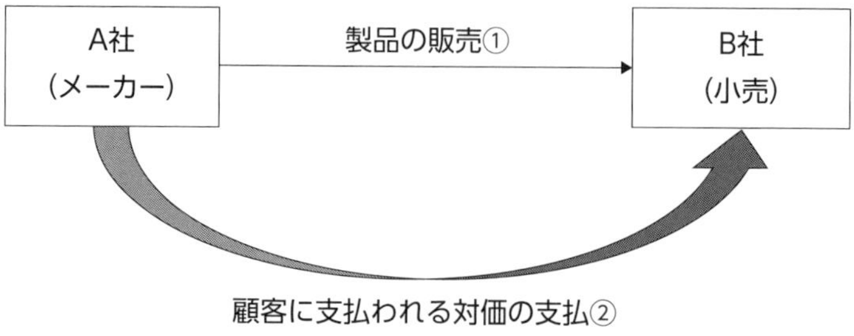

①と②のどちらか遅いタイミングで収益が減額されることになります。

IFRS15号適用会社の開示例

【花王株式会社　平成30年12月期有価証券報告書】

経理の状況≫連結財務諸表≫連結財務諸表に関する注記事項≫収益

> 販売促進協賛金等、当社グループが顧客に対して支払いを行っている場合で、顧客に支払われる対価が顧客からの別個の財又はサービスに対する支払であり、かつ、公正価値を合理的に見積れない場合は、取引価格からその対価を控除し、収益を測定しています。

【コラム】～メーカーが行うキャッシュバック～

メーカーが最終消費者にキャッシュバックキャンペーンを行う場合がありますが、キャッシュバックされた金額は『顧客に支払われる対価』に該当しますので、売上から控除する必要がある点に留意が必要です。実際は、メーカーが最終消費者に販売することはあまりないでしょうから、控除する売上は販売業者への売上となるでしょう。

Q3-10

Step2

自社ポイントを発行している会社は収益の金額についてこれまでと何が変わるのですか？

Answer.

会社が付与した自社ポイントについては追加オプションとして会計処理します。すなわち、自社ポイントが顧客にとって重要な権利に該当する場合、自社ポイントの独立販売価格に従い取引価格を配分し、その部分は収益計上せず、契約負債として処理します。

自社ポイントの場合は、ポイント付与が顧客に重要な権利を提供していると判断されるケースが多いと考えられます。

法人税については、一定の要件を満たす場合、会計と同様の処理となる一方、消費税については販売時に課税売上となるため、会計及び法人税と差が生じます。

1…会計上の論点：履行義務の識別（追加オプションの付与）

従来、自社ポイントについては行使が見込まれる部分を見積もり、ポイント引当金として処理する実務が多かったと思います。当会計基準等適用後は、自社ポイントを付与した場合、販売価格から将来行使されるであろうポイント分を控除した金額で売上計上することになります。

自社ポイントの場合は、顧客にとって重要な権利でなければ企業の販売促進活動として自社ポイントを付与する意味がないため、自社ポイントの付与であれば顧客にとっては重要な権利であると判断することが多いと考えられます。

重要な権利であると判断された場合、自社ポイントの独立販売価格に従い取引価格を配分し、その部分は収益計上せず、契約負債として処理します（適用指針48）。

ここでいう自社ポイントの独立販売価格は、ポイントの金額に行使される可能性を乗じて計算されます。

これに関しての税務上の取扱いは、事例の中で解説します。

2…事 例

(1) 前提

- A社は小売業を営んでおり、販売時に1%の自社ポイントを付与している。自社ポイントの有効期限は最終購入日から1年間であり、購入するたびに更新される。
- ×6年において11,000円を顧客に販売し、110ポイントを付与した。
- ×7年において、110円の商品を自社ポイントで販売した。
- 過年度における自社ポイントの利用実績率は、100%であり、今後も同程度の割合で自社ポイントが利用されると見込んでいる。
- A社は自社ポイントを顧客に付与する重要な権利と認識している。

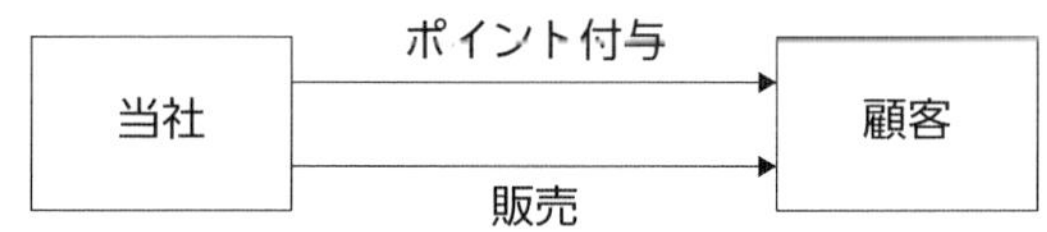

(2) 従来の処理

会計

（単位：円）

（×6年　商品販売時）

㈿ 現金	11,000	㈸ 売上	10,000
		仮受消費税	1,000

（×6年　決算時）

㈿ ポイント引当金繰入	110	㈸ ポイント引当金	110

（×7年　自社ポイント行使時）

㈿ ポイント引当金	110	㈸ 売上	110

（×8年　ポイント失効時（仮にポイントを使用しないまま失効した場合））

㈿ ポイント引当金	110	㈸ ポイント引当金戻入	110

法人税

未確定債務であるポイント引当金の計上は税務上認められないので、申告調整が必要になります。

(3) 適用後の処理

会計

（単位：円）

（×6年　商品販売時）

㈿ 現金	11,000	㈸ 売上	10,000
		仮受消費税	1,000

（×6年　決算時）

㈿ 売上	110	㈸ 契約負債	110

（×7年　自社ポイント行使時）

㈿ 契約負債	110	㈸ 売上	110

（×8年　ポイント失効時（仮にポイントを使用しないまま失効した場合））

㈿ 契約負債	110	㈸ 収益	110

当会計基準等適用後にポイントを付与した場合、ポイント引当金を計上するのではなく、ポイント分の商品を引き渡すオプションを付与したと考え、取引価格を財・サービスの移転に係る履行義務とポイント行使により発生する履行義務に配分します。

実際の処理は、ポイント利用見込分を売上から控除する処理になると考えられます。ただし、消費税はあくまで販売額を課税売上としますので、実際に仕訳を起こす際は10,000円を課税売上としたうえで、ポイント利用見込分を売上のマイナスとし、消費税を対象外とすることが考えられます。

また、ポイント失効時には、ポイントに係る履行義務が消滅することから、消費税対象外で収益計上することになります。

なお、実務的には決算においてまとめて期中に付与したポイントを契約負債に振り替える処理が考えられます。

また、POSデータがあり、取引ごとに仕訳している場合は、個別取引ごとに契約負債を認識することも考えられます。

法人税

次の要件のすべてに該当するときは、継続要件を条件として会計と同じ（申告調整なし）になります（法基通2-1-1の7）。

(1) その付与した自社ポイント等が当初の資産の販売等の契約を締結しなければ相手方が受け取れない重要な権利を与えるものであること
⇒重要な権利かどうかは会計の判断と同様、自社ポイントの場合は基本的に重要な権利となります。

(2) その付与した自社ポイント等が発行年度毎に区分して管理されていること

(3) 法人がその付与した自社ポイント等に関する権利につきその有効期限を経過したこと、規約その他の契約で定める違反事項に相手方が抵触したことその他の当該法人の責に帰さないやむを得ない事情があること以外の理由により一方的に失わせることができないことが規約その他の契約において明らかにされていること

(4) 次のいずれかの要件を満たすこと

① その付与した自社ポイント等の呈示があった場合に値引き等をする金額が明らかにされており、かつ、将来の資産の販売等に際して、たとえ1ポイント又は1枚のクーポンの呈示があっても値引き等をすることとされていること

⇒例えば、500ポイント貯まらないとクーポンとして使用できない場合は、①の要件は満たさないこととなります。

② その付与した自社ポイント等が当該法人以外の者が運営するポイント等又は自ら運営する他の自社ポイント等で、①に該当するものと所定の交換比率により交換できることとされていること

IFRS15号適用会社の開示例

【J. フロント リテイリング株式会社　平成31年2月期第3四半期報告書】

経理の状況≫要約四半期財務諸表≫要約四半期連結財務諸表注記≫重要な会計方針

当社グループのうち主に百貨店事業及びパルコ事業は、顧客の将来の購入時に値引きとして交換できるポイントを提供するカスタマー・ロイヤリティ・プログラムを運営しております。

IAS18号「収益」では、当該ポイントの公正価値を見積り、これを控除した収益を認識しておりましたが、IFRS15号では上記の5ステップアプローチに従い、取引価格を独立販売価格の比率に基づいてポイントと物品に配分しております。当該方法を用いると、販売した物品に配分した金額は、平均して、ポイントの公正価値を控除した金額よりも高くなります。

Q3-11

Step2

共通ポイントを付与している会社は収益の金額についてこれまでと何が変わるのですか？

Answer.

他社が運営しているポイントプログラムに参加している場合に付与した共通ポイントについては、付与時に第三者のために回収する額として、収益の額から控除します。

共通ポイントの場合、ポイント付与が顧客に重要な権利を提供していると判断されるケースは少ないと考えられます。

なお、法人税及び消費税の取扱いは会計と同様となります。

1…会計上の論点：取引価格の算定

他社ポイントプログラムに参加し、商品販売時にポイントを付与した場合で、ポイントの付与は顧客に重要な権利を提供していないとすると、ポイントの履行義務はポイントプログラムの運営会社にあります。

このため、会社が顧客に付与したポイントは自社ポイントのように契約負債にはならず、単に運営会社のために回収する額として、収益の額から控除し、対応する金額を運営会社に対する債務として処理することとなることから、結果として値引きと同様の会計処理になります（顧客に対して直接値引きをするのではなく、ポイントプログラム運営会社経由で還元するという形式の値引）。

これに関しての税務上の取扱いは、事例の中で解説します。

2…事 例

(1) 前提

- A 社は小売業を営んでおり、販売時に 1%の共通ポイントを付与している。
- ×6 年において、11,000 円を顧客に販売し、110 ポイントを付与した。
- ×7 年において、200 円の商品を共通ポイントで販売した。
- A 社は当該ポイントを顧客に付与する重要な権利と認識していない。

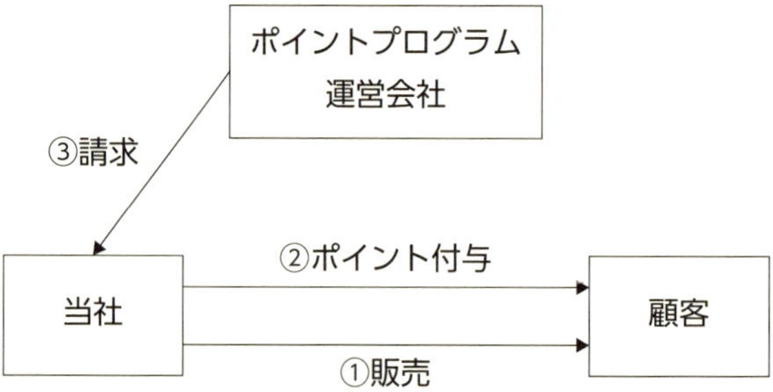

(2) 従来の処理

会計 （単位：円）

（商品販売時）

[借]	現金	11,000	[貸]	売上	10,000
				仮受消費税	1,000
[借]	販売促進費	100	[貸]	ポイント運営会社に対する未払金	110
	仮払消費税	10			

（ポイント行使時）

[借]	ポイント運営会社に対する未収入金	200	[貸]	売上	200

法人税

会計と同じ（申告調整なし）です。

(3) 適用後の処理

会計

（単位：円）

（商品販売時）

㈶ 現金	11,000	㈹ 売上	10,000
		仮受消費税	1,000
㈶ 販売促進費	100	㈹ ポイント運営会社に対する未払金	110
仮払消費税	10		

（決算時）

㈶ 売上	100	㈹ 販売促進費	100

（ポイント行使時）

㈶ ポイント運営会社に対する未収入金	200	㈹ 売上	200

前提条件より、共通ポイントの最終的な負担は共通ポイントの運営会社となるため、ポイント付与時にポイント運営会社に対する債務（上記仕訳における未払金）を計上します。結果として、単なる値引販売と同様の結果となります。

商品販売時に売上のマイナスとする処理も考えられますが、事例では消費税に影響させないために、あえて販売促進費を経由させています。

法人税

会計と同じ（申告調整なし）です。

Q3-12

Step2

製品の保証を行っている会社は今までと何が変わるのですか？

Answer.

①財・サービスが合意された仕様に従っていることの保証は引当金処理、②保証サービス部分は履行義務が充足された時点又は充足されるに従い収益認識します。ただし、消費税法上は②の対価についても取引開始時に課税売上となります。

1…会計上の論点：保証のサービスは保証期間で収益認識

(1) 概要

財・サービスに対する保証には、①財・サービスが合意された仕様に従っていることにより各当事者が意図したとおりに機能することを顧客に提供する保証（良品を提供する契約）と、②当該保証に加えて顧客にサービスを提供する保証（顧客の責任での故障も修理する等の保証サービス）があります（適用指針34～38、132）。言い換えれば、①における保証は、財・サービス自体と一体であり、区分できないため財・サービスと同一の履行義務として捉え、②の保証については、追加のサービスとして区分できるため、別個の履行義務として認識します。

①に要する金額は従来通り、製品保証引当金を設定し、②に係る金額については、通常は保証期間にわたり履行義務を充足していくと考えられる

ため、保証期間にわたり収益認識します。

【保証に係る処理】

良品を提供する保証	引当金処理
保証サービス	保証サービスとしての履行義務が充足された時点又は充足されるにつれて（通常は保証期間で）収益認識

当該契約に②の保証サービスを含むかどうかは、例えば下記の要因を考慮し判断します（適用指針37）。

㋐　財・サービスに対する保証が法律で要求されているかどうか

財・サービスに対する保証が法律で要求されている場合には、法律で要求しているのは良品提供義務であると考えられるためそれ自体（法律で要求されている保証）は通常、②の保証サービスではない。

㋑　財・サービスに対する保証の対象となる期間の長さ

不良品であることは購入後、それほど後に発覚するものではないため、保証期間が長いほど、②の保証サービスを顧客に提供している場合が多く、通常、当該保証サービスを履行義務として認識する必要がある。

㋒　企業が履行を約束している作業の内容

欠陥のある商品又は製品に係る返品の配送サービス等、特定の作業は、通常②の保証サービスとしての履行義務とは考えない。

これに関しての税務上の取扱いは、事例の中で解説します。

(2) 例示のあてはめ

① 財・サービスの販売に際して有料の保証サービスを付与している場合（付与するか否か顧客に選択権がある場合）

当該保証サービスは法律で要求されているものではなく、また、付与するか否かは顧客に選択権があるものであり、別個の履行義務と考えられ、当該追加の保証サービスは通常、保証期間にわたり収益認識すると考えられます。

② 財・サービスの販売に際して無料の保証を付与している場合（一律に付与される場合）

無料である場合、通常は良品である保証をしているにすぎない（不良品だった場合に返品交換する義務や補修をする義務）ため、通常は保証サービスを履行義務として認識しない（保証に係る費用について引当金設定する）と考えられます。

しかし、私見ですが、取引慣行や取引先との関係性から、顧客の責任での故障も無料で対応する場合等には、保証サービスが別個の履行義務であると考えられるため、取引価格を保証サービスにも配分（保証サービス分の対価も財の提供時に収受しているため）し、保証サービスに配分された金額については通常保証期間にわたり収益認識すると考えられます。取引価格の配分に関しては、Q3-4参照してください（適用指針35、36 会計基準65～73）。

③ 例として、1年だと無料（一律付与）で3年だと有料の保証（選択権あり）の場合

ケースバイケースにはなりますが、例えば、1年か3年かで保証内容が変わらず、ただ期間の相違のみである場合で、顧客の責任による故障も保証しているような場合には、法的に要求されている良品を引き渡す義務を超える役務提供（保証サービス）も含まれているため、保証サービスを別個の履行義務と考え、取引価格を保証サービスにも配分し（適用指針35、36、会計基準65～73）、保証サービスに配分された金額については通常、保証期間にわたり収益認識すると考えられます。

2…法務

保証に関しては、特に法律の考え方が影響します。財・サービスが合意された仕様に従っているという保証のみである場合（適用指針34）とは、契約の観点において、保証が財・サービスを移転する義務と区分して識別できず、当該義務と別個のものではないことをいうので（会計基準34(2)）、このような保証は、当該義務の不完全な履行を補完する、その実質的な一部にすぎません。したがって、企業が顧客に保証を履行する義務が生じる契約条件（要件）は、（移転の時に）財・サービスが合意された条件に従っていなかった場合（瑕疵があったこと）に限られ、かつ、保証の内容（効果）は、財・サービスを移転する義務を経済的に補償する範囲（交換、修理その他の補償）に限られます。

これに対し、企業が、契約又は取引慣行に従って、一定の期間内に故障や不具合などの“事象”が発生すれば、その“原因”が特定（立証）されなくとも（移転の時に財・サービスが合意された条件に従っていたとしても）、保証を履行することを約束する場合や、保証の内容が財・サービスを移転する義務を経済的に補償する範囲を超えて、メンテナンス（保守・点検・維持）などの便益を提供することを約束する場合は、別個の保証サービスとして履行義務を識別します。このような観点から、製品の保証についてどのような契約形態になっているのかを見直し、会計処理に影響がないか検討する必要があります。

要　件	効　果	会計処理
合意された条件に従っていない（瑕疵がある）場合のみ	財・サービスの移転を経済的に補償する範囲	履行義務ではない
上記の場合に限らない	上記の範囲に限らない	履行義務

ただし、法務的にも会計的にも、最終的には実態判断となりますので、実態を踏まえた契約書の見直し、そして会計処理への反映が必要です。

3…事 例

(1) 前提

- A 社は製造業を営んでおり、小売店で販売される A 社の製品には、顧客が希望した場合に、3 年間の保証（使用中に壊れた場合に交換できるサービス）を有料で行っている。
- 10,000 円の商品に 900 円の保証を付与して販売した（保証を付与した事実は販売店より報告を受けている）。

(2) 適用後の処理

会計　（単位：円）

（販売店へ製品販売時）

㈹ 売掛金	11,000	㈺ 売上	10,000
		仮受消費税	1,000

（保証付与時）

㈹ 売掛金	990	㈺ 売上	900
		仮受消費税	90
㈹ 売上	900	㈺ 契約負債	900

（保証期間経過につれ）

㈹ 契約負債	300	㈺ 売上	300

保証サービス分は製品販売時には収益認識せず、いったん契約負債として計上し、保証期間にわたり、履行義務を充足すると考えられるため、保証期間にわたり収益認識します。一方で消費税法上は、従来通り取引開始時に、保証サービスの対価も含め全額を課税売上として捉えますので、ここではいったん全額売上に計上し（仮受消費税を認識し）、その後に保証サービス分は、消費税対象外で契約負債に振り替える処理としています。

また、保証期間が経過するに従い行う収益計上は 1 年に 1 度（1 年分をまとめて計上）という前提で保証サービス分の対価の３分の１（3年の保証であるため）を売上に振り替えています。

法人税

会計と同じ（申告調整なし）です（法基通2-1-1の3）。

事例にはありませんが、会計上、引当金を計上する部分（合意された仕様の履行義務部分）に関しては、従来通り、税務上申告調整する必要があります。

IFRS15号適用会社の開示例

【伊藤忠テクノソリューションズ株式会社　2019年３月期第３四半期報告書】

経理の状況≫要約四半期連結財務諸表≫要約四半期連結財務諸表注記≫重要な会計方針≫

当社グループは、サービス、開発・SI及び製品の販売を行っており、それぞれ以下のとおり収益を認識しております。

収益は、顧客との契約に示されている対価に基づいて測定され、第三者のために回収する金額は除きます。当社グループは、財又はサービスに対する支配を顧客に移転した時点で収益を認識します。

④　複数要素取引

製品販売、保守サービスなど複数の財又はサービスを提供する複数要素取引に係る収益については、契約に含まれる履行義務を識別し、契約の対価を配分する必要がある場合には、取引価格を独立販売価格に基づき配分しております。

【住友商事株式会社　2019年３月期第３四半期報告書】

経理の状況≫要約四半期連結財務諸表≫要約四半期連結財務諸表注記≫重要な会計方針≫

収益の主要な区分におけるそれぞれの収益認識基準、本人代理人の判定に関する基準は以下のとおりであります。

②　サービス及びその他の販売に係る収益

ソフトウェアに関連するサービスのうち、保守管理に係る収益は、保守管理契約期間にわたって認識する場合と、実際のサービスの提供に応じて認識する場合とがあります。

Q3-13

Step2

消化仕入、代理業、媒介業を行っている会社は今までと何が変わるのですか？
（本人と代理人の区分）

Answer.

例として①顧客に対する財・サービスの提供責任の主体、②在庫リスク、③財・サービスの価格の決定権、の有無等により総合的に判断し、売上を総額で計上するか純額で表示するかを判断します。法人税法上も会計と同じです。ただし、消費税法上はいずれにしても総額で考えます。

1…会計上の論点：商品・サービスを支配しているか

顧客に対する財・サービスの提供前に、当該財・サービスを「支配」していると考えられる場合には、当該企業は「本人」と考えられ、売上・仕入は総額で計上し、そうでない場合には「代理人」となり売上・仕入を純額で計上することとなります。財・サービスを「支配」しているか否かを判断する際の指標としては下記が定められています（適用指針47）。

【3つの指標】

⑴　財・サービスの提供責任を主として負っているか否か

⑵　在庫リスクを負っているか否か

⑶　財・サービスの価格の決定権を有しているか否か

上記の指標を総合的判断することとなりますが、一般的に、消化仕入（売り上げた際に仕入が計上される取引）、ブローカー、保険仲立人、旅客運送契約・宿泊契約締結を媒介する旅行業者及び不動産取引を媒介する宅地建物取引業者等は、上記⑴～⑶の権利義務を負っていないため、「代理人」

と考えられ、売上・仕入は純額で表示されることとなると考えられます。

ただし、例えば、価格の決定権を有していたり、返品のリスクを有している等の場合には、「本人」となり売上・仕入を総額で計上する場合もあると考えられます。

これに関しての税務上の取扱いは、事例の中で解説します。

2…事 例

(1) 前提

- A社は小売業を営んでおり、B社から商品を仕入れている。店頭に並んでいるのはB社の在庫で、店舗に来た顧客が商品を購入した際に、B社からA社に所有権が移り、さらに同時に、A社から顧客に所有権が移る。したがって顧客が商品を購入するまでA社は在庫リスクを負っていない（指標(2)へのあてはめ）。
- 顧客から返品があった場合にはA社からB社へも返品しB社の在庫となる。したがって、仕様にあった商品を提供する責任はB社にある（指標(1)へのあてはめ）。また、A社は当該商品の価格の決定権を有していない（指標(3)へのあてはめ）。
- A社において100円で仕入れ、180円で売る取引を想定する。

(2) 従来の処理

会計　　（単位：円）

㈶	仕入	100	㈹ 買掛金	110
	仮払消費税	10		
㈶	売掛金	198	㈹ 売上	180
			仮受消費税	18

ここではあえて従来は総額処理をしていたとしています。

[法人税]

会計と同じ（申告調整なし）です。

(3) 適用後の処理

[会計]　　（単位：円）

(借)	仕入	100	(貸)	買掛金	110
	仮払消費税	10			
(借)	売掛金	198	(貸)	売上	180
				仮受消費税	18
(借)	売上	180	(貸)	仕入	100
				手数料収入	80

消費税はあくまで、1取引毎に認識する実務が多いと考えられますので、純額表示に変更したとしても、まずは仕入・売上を総額で従来通り認識し、その後、消費税は課税対象外で、売上と仕入を相殺することとなります。そのうえで差額を「手数料収入」等の科目で表示します。

☝ **適用初年度の処理はQ1-2に記載の通りですが、代理人と判定された場合、従来に比べて売上高が著しく減少することも考えられます。そのような純額表示の影響が大きい場合には、比較可能性を保つために比較情報も純額で表示することも考えれられます。反対に、影響が小さい場合にも、比較情報を純額表示に修正して表示する手間も煩雑でなく、比較情報も純額で表示することも考えられます。**

[法人税]

会計と同じ（申告調整なし）です。

IFRS15 号適用会社の開示例

【株式会社ネクソン　2018 年 12 月期有価証券報告書】

経理の状況≫連結財務諸表≫連結財務諸表注記≫重要な会計方針≫（14）収益

当社グループは、顧客との契約に含まれる別個の財又はサービスを識別し、これを取引単位として履行義務を識別しており、履行義務の識別にあたっては本人か代理人かの検討を行っております。収益の主要な区分におけるそれぞれの収益認識基準、収益の総額表示と純額表示に関する基準は以下のとおりであります。

(A)　収益の主要な区分ごとの収益認識基準

当社グループは、(a) PC オンライン事業及びモバイル事業におけるアイテム等の販売に係る売上収益（ゲーム課金による収益）、(b) 当社グループが開発し製品化した PC オンラインゲームの配信権を供与することによるロイヤリティ収益、(c) PC オンラインゲーム配信にかかるコンサルティング事業及びゲーム内広告事業に係る収益を主な収益としております。

(a)　PC オンライン事業及びモバイル事業におけるアイテム等の販売に係る売上収益（ゲーム課金による収益）

(中略)

なお、PC オンライン事業及びモバイル事業は大部分を本人としてサービスを提供しておりますが、一部のサービスにつきましては代理人としてサービスを提供しております。

(b)　当社グループが開発し製品化した PC オンラインゲームの配信権を供与することによるロイヤリティ収益

(中略)

なお、ライセンス契約による配信権の供与は、本人として取引を行っております。

(c)　PC オンラインゲーム配信にかかるコンサルティング事業及びゲーム内広告事業に係る収益

(中略)

ゲーム内広告事業は、ユーザーがゲームの中で広告機能が付加された機能性アイテムを使用することにより、広告をユーザーに直接露出しており、広告実施期間にわたって売上収益を認識しております。ゲーム内広告事業につきましては契約毎に本人か代理人かの判断をしております。

(中略)

(C)　収益の総額表示と純額表示

当社グループでは、通常の商取引において、仲介業者又は代理人としての機能を果たす場合があります。このような取引における収益を報告するにあたり、収益を顧客から受け取る対価の総額で表示するか、又は顧客から受け取る対価の総額から第三者に対する手数料その他の支払額を差し引いた純額で表示するかを判断しております。ただし、総額又は純額、いずれの方法で表示した場合でも、純損益に影響はありません。

収益を総額表示とするか純額表示とするかの判定に際しては、その取引における履行義務の性質が、特定された財又はサービスを自ら提供する履行義務（すなわち、「本人」）に該当するか、それらの財又はサービスが当該他の当事者によって提供されるように手配する履行義務（すなわち、「代理人」）に該当するかを基準としております。当社グループが「本人」に該当する取引である場合には、履行義務を充足する時点で、又は充足するにつれて収益を総額で認識しております。当社グループが「代理人」に該当する取引である場合には、履行義務を充足する時点で、又は充足するにつれて、特定された財又はサービスが当該他の当事者によって提供されるように手配することと交換に権利を得ると見込んでいる報酬又は手数料の金額にて収益を純額で認識しております。本人か代理人かの判定に際しては、物品の販売及びサービスの提供に係る重要なリスク及び便益のエクスポージャーについて、取引条件等を個別に評価しております。

なお、特定された財又はサービスを当該財又はサービスが顧客に移転される前に支配している場合におきましては、「本人」に該当いたします。

ある取引において当社グループが本人に該当し、その結果、当該取引に係る収益を総額で表示するための判断要素として、次の指標を考慮しております。

(a)　サービスを顧客へ提供する、又は注文を履行する第一義的な責任を有している。

(b)　直接又は間接的に価格決定に関する裁量権を有している。

(c)　顧客に対する債権に係る顧客の信用リスクを負っている。

【アサヒグループホールディングス株式会社　2019年12月期有価証券報告書】

経理の状況≫連結財務諸表≫連結財務諸表注記≫重要な会計方針≫（17）収益

顧客に約束した財を移転する前に、当社グループがその財を支配している場合には本人として取引を行っているものと考え、移転する特定された財と交換に権利を得ると見込んでいる取引の総額を収益として認識しております。

【伊藤忠商事株式会社　2019年3月期第3四半期報告書】

経理の状況≫要約四半期連結財務諸表≫要約四半期連結財務諸表注記≫重要な会計方針≫

取引形態ごとの収益認識基準は次のとおりです。

（収益の総額（グロス）表示と純額（ネット）表示）

収益の総額（グロス）表示と純額（ネット）表示において、従来の基準では、財またはサービスの提供に関連する重要なリスク及び経済価値に対するエクスポージャーを有していない取引については、純額（ネット）表示することが規定されていましたが、本基準においては、顧客に財またはサービスが移転する前に当該財またはサービスに対する支配を自社が獲得している取引については、顧客との取引総額（グロス）で表示することが規定されております。

【住友商事株式会社　2019年3月期第3四半期報告書】

経理の状況≫要約四半期連結財務諸表≫要約四半期連結財務諸表注記≫重要な会計方針≫

> 収益の主要な区分におけるそれぞれの収益認識基準、本人代理人の判定に関する基準は以下のとおりであります。
>
> (中略)
>
> ③　収益の本人代理人の判定
>
> 当社は、通常の商取引において、仲介業者または代理人としての機能を果たす場合があります。このような取引における収益を報告するにあたり、収益を顧客から受け取る対価の総額（グロス）で認識するか、または顧客から受け取る対価の総額から第三者に対する手数料その他の支払額を差し引いた純額（ネット）で認識するかを判断しております。ただし、グロスまたはネット、いずれの方法で認識した場合でも、売上総利益及び当期利益に影響はありません。
>
> 収益の本人代理人の判定に際しては、その取引における履行義務の性質が、特定された財又はサービスを顧客に移転される前に支配し、自ら提供する履行義務（すなわち、「本人」）に該当するか、それらの財又はサービスが当該他の当事者によって提供されるように手配する履行義務（すなわち、「代理人」）に該当するかを基準としております。当社が「本人」に該当する取引である場合には、履行義務を充足する時点で、又は充足するにつれて収益をグロスで認識しております。当社が「代理人」に該当する取引である場合には、履行義務を充足する時点で、又は充足するにつれて、特定された財又はサービスが当該他の当事者によって提供されるように手配することと交換に権利を得ると見込んでいる報酬又は手数料の金額にて収益をネットで認識しております。
>
> ある取引において当社が本人に該当し、その結果、当該取引に係る収益をグロスで認識するための判断要素として、次の指標を考慮しております。
>
> ・当社が、特定された財又はサービスを提供する約束の履行に対する主たる責任を有している。
>
> ・特定された財又はサービスが顧客に移転される前、又は顧客への支配の移転の後に、当社が在庫リスクを有している。
>
> ・特定された財又はサービスの価格の設定において当社に裁量権がある。

【コラム】～売上が激減するかも！？
純額（ネット）表示のインパクト～

今までの日本の会計基準においては、売上の表示、つまり、売上を総額（グロス）で表示するのか、純額（ネット）で表示するのかについて、強制力のある会計基準がそもそも存在していませんでした。

「企業会計原則」における総額主義の原則、「実務対応報告第 17 号　ソフトウェア取引の収益の会計処理に関する実務上の取扱い」におけるソフトウェア取引の収益の総額表示についての会計上の考え方などを、実務上参考にはしていたものの、いずれも強制力を有するものではありませんでした。

しかし今回、明確に会計基準として位置づけられる当会計基準等が導入されることにより、各企業は売上の表示をあらためて検討することが必要となります。

これまでの日本の実務慣行は、“なんとなく”総額（グロス）表示をしているケースが多かったため、当会計基準等適用後は、利益は大きく変動しないものの、売上高の一部又は全部が純額（ネット）表示となり売上が激減するような企業が多くあらわれる可能性があるでしょう。

以下では、収益に関わる会計基準変更により、大きく売上が減少した事例を掲載します。事例は、日本基準から国際会計基準への変更事例ですが、国際会計基準と当会計基準等の考え方のベースは同じであるため参考になると思われます。

	従前の日本基準による売上収益（総額表示）	国際会計基準による売上収益（純額表示）	増減率
日本たばこ産業 2011 年 3 月期	6 兆 1945 億円	2 兆 593 億円	▲ 66%
住友商事 2012 年 3 月期	8 兆 2730 億円	3 兆 2609 億円	▲ 60%

Q3-14

Step5

入会金等返還不要な顧客からの支払についての処理は今までと何が変わるのですか？

Answer.

会計上は財・サービスの提供期間にわたり収益計上、法人税法上は原則として取引開始時に益金算入、そして消費税法上は収受した時の課税売上となり、会計と税務で差が生じます。

1…会計上の論点：取引開始日に顧客から受け取る返金不要な対価

従来、スポーツクラブや老人ホーム等の入会金などのサービス提供開始日又はその前後に顧客から受け取る返金不要な対価に関しての会計処理については、明確な定めがありませんでした。

当会計基準等においては、これらの入会金は、返金が不要な顧客からの支払（適用指針57）に該当しますが、これらの受領は、一般的に、取引開始日又はその前後に何らかの履行義務を充足した対価とは考えられない（適用指針142）（入会金に相当するサービスは通常提供していない）ため、当会計基準等適用後は、当該入金金は、入会時ではなく、将来の一定の期間にわたり収益計上することとなります（適用指針57～60）。

一定の期間とは、基本的には契約期間を指すと考えられますが、自動更新で更新時に更新料の支払がない場合又は契約期間がそもそもない場合等、顧客への財・サービスの提供期間については、不明確な場合が多いと思われます。これに関しては、契約上の期間で判断しては実質的な期間と相違する場合又は契約期間がない場合には、実質的な期間で収益認識することになります。つまり、自動更新が続く場合等には、過去の実績等に従い期間を算定するものと考えられます。

これに関しての税務上の取扱いは、事例の中で解説します。

2…事 例

(1) 前提

- A 社はスポーツジムを運営しており、入会時に顧客から 36,000 円（消費税別）を受け取っている。
- 契約書上の契約期間 1 年間であるが、特にお互いの申し出がない場合には自動更新され、自動更新時には特に更新料の受け取りはない。
- 入会金は顧客が途中解約したとしても返金することはない。
- A 社における過去の実績を調査したところ、顧客のサービス使用期間は平均して 3 年であった。したがって、入会金を 3 年間で収益認識するとした場合、当期は 6 か月帰属すると仮定し、認識すべき収益額は 6,000 円とする。
- また、入会金とは別に顧客は月額使用料を月 3,000 円（消費税別）支払う。

(2) 従来の処理

会計　　（単位：円）

（入会時）

㈱ 現金預金	39,600	㈹ 売上	36,000
		仮受消費税	3,600

（毎月：月額利用料）			
[借] 現金預金	3,300	[貸] 売上	3,000
		仮受消費税	300

会計上は、従来より契約期間で収益計上している場合もあると考えられますが、ここではあえて契約時に一括収益計上した場合としています。

法人税

会計と同じ（申告調整なし）です。

(3) 適用後の処理

会計

（単位；千円）

（入会時）			
[借] 現金預金	39,600	[貸] 売上	36,000
		仮受消費税	3,600
（入会金の繰延）			
[借] 売上	30,000	[貸] 契約負債	30,000
（毎月：月額利用料）			
[借] 現金預金	3,300	[貸] 売上	3,000
		仮受消費税	300

消費税法上は、返金不要な支払を受ける場合には、その返金不要な支払は、確定した収益であると考えられ、全額収受した時の課税売上となり、会計上の売上の発生時期と課税売上の認識時点はずれますが、実務的には当該ずれを消費税の申告書上で申告調整するのではなく、上記ように１度売上及び仮受消費税を入会金全額について認識し、将来の役務提供部分について売上から契約負債に消費税対象外で振替えを行うと考えられます。

法人税（仕訳は起こさないためイメージ仕訳）

（入会時）

㈿ 現金預金	39,600	㈾ 売上	36,000
		仮受消費税	3,600

（入会金の繰延）

仕訳なし

（毎月：月額利用料）

㈿ 現金預金	3,300	㈾ 売上	3,000
		仮受消費税	300

法人税法上は、取引の開始当初から中途解約のいかんにかかわらず、返金不要な支払*を受ける場合には、その返金不要な支払は確定した収益であると考えられ、原則としてその取引開始日の属する事業年度に益金算入となります。ただし、その返金不要な支払が、契約の「特定期間」における役務の提供ごとに、それと具体的な対応関係をもって発生する対価の前受けであると認められる場合には、継続適用を条件に、その契約期間の経過に応じて益金算入することができます（法基通2-1-40の2）。ただし、あくまで前者が原則的な処理という位置づけであるため、契約期間の経過に応じて収益計上する場合には、当該対価が契約の「特定期間」における役務の提供ごとに具体的な対応関係をもって発生する対価の前受けであることを立証する必要があると考えられます。さらには、先述の通り、入会金の場合、入会金の対象となる期間が不明確であることが多いため、基本的には、取引開始日の属する事業年度に益金算入となると思われます。

* ここでいう返金不要な支払とは下記のようなものです（法基通2-1-40の2）。

(1) 工業所有権等の実施権の設定の対価として支払を受ける一時金

(2) ノウハウの設定契約に際して支払を受ける一時金又は頭金

(3) 技術役務の提供に係る契約に関連してその着手費用に充当する目的で相手方から収受する仕度金、着手金等のうち、後日精算して剰余金があれば返還することとなっているもの以外のもの

(4) スポーツクラブの会員契約に際して支払を受ける入会金

【コラム】～会計処理の変更による影響　礼金・更新料～

返還不要な顧客からの支払は、会計上、サービスの提供期間にわたり収益認識することが基本です。例えば不動産業界では、礼金や更新料（以下、「礼金等」という）の取扱いが問題となります。礼金等の法的な性質については様々な考え方がありますが、権利確定時又は入金時に全額収益計上するという会計処理が従来の実務において多く見受けられました。当会計基準等の適用により、礼金等につき契約期間で収益認識することなった場合、売上高の金額に重要な影響を与えるケースも考えられます。

また、礼金等の性質が前払賃料であると結論付けられた場合、IFRS における取扱いと同様に、当会計基準等ではなく、リース会計基準等における貸手に係るリース料の一部として、ファイナンス・リース又はオペレーティング・リースとして会計処理することが求められます。いずれにしても、業界全体における実務慣行を踏まえつつ、礼金等の収益認識方法につき監査法人と事前の擦り合わせが必須となります。

Q3-15

Step2、5

ライセンスの供与はどのように会計処理するのですか？

Answer.

まずライセンスを供与する約束が、他の財・サービスを移転する約束と別個のものであるかを判定し、ついで、ライセンス供与の性質がアクセス権なのか使用権なのかを判定します。なお、ライセンス供与に対して受け取る売上高等に基づくロイヤルティについては、別途、判断フローが設けられます。

ライセンスとは、企業の知的財産に対する顧客の権利を定めるもののことをいい（適用指針61）、ソフトウェア、フランチャイズ権、特許権及び商標権等が該当します。

当会計基準等で定めているライセンスの供与に関する会計処理をフローチャートで示すと以下のようになります。

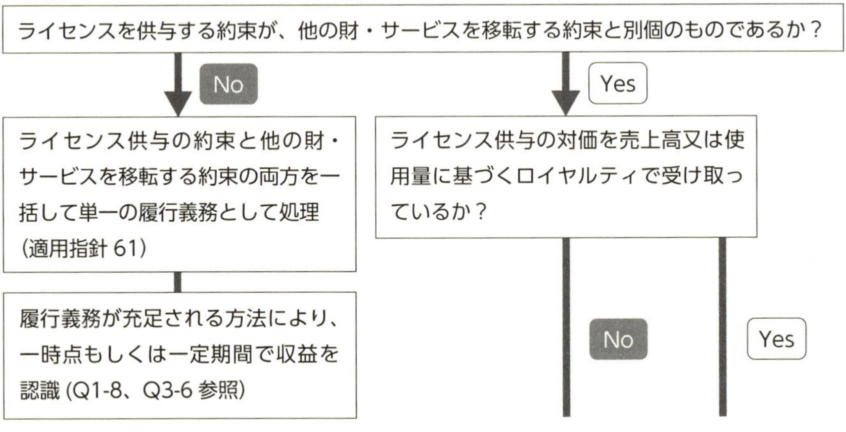

ライセンスを供与する約束が、他の財・サービスを移転する約束と別個のものであるか？

No

ライセンス供与の約束と他の財・サービスを移転する約束の両方を一括して単一の履行義務として処理（適用指針61）

履行義務が充足される方法により、一時点もしくは一定期間で収益を認識（Q1-8、Q3-6参照）

Yes

ライセンス供与の対価を売上高又は使用量に基づくロイヤルティで受け取っているか？

No

Yes

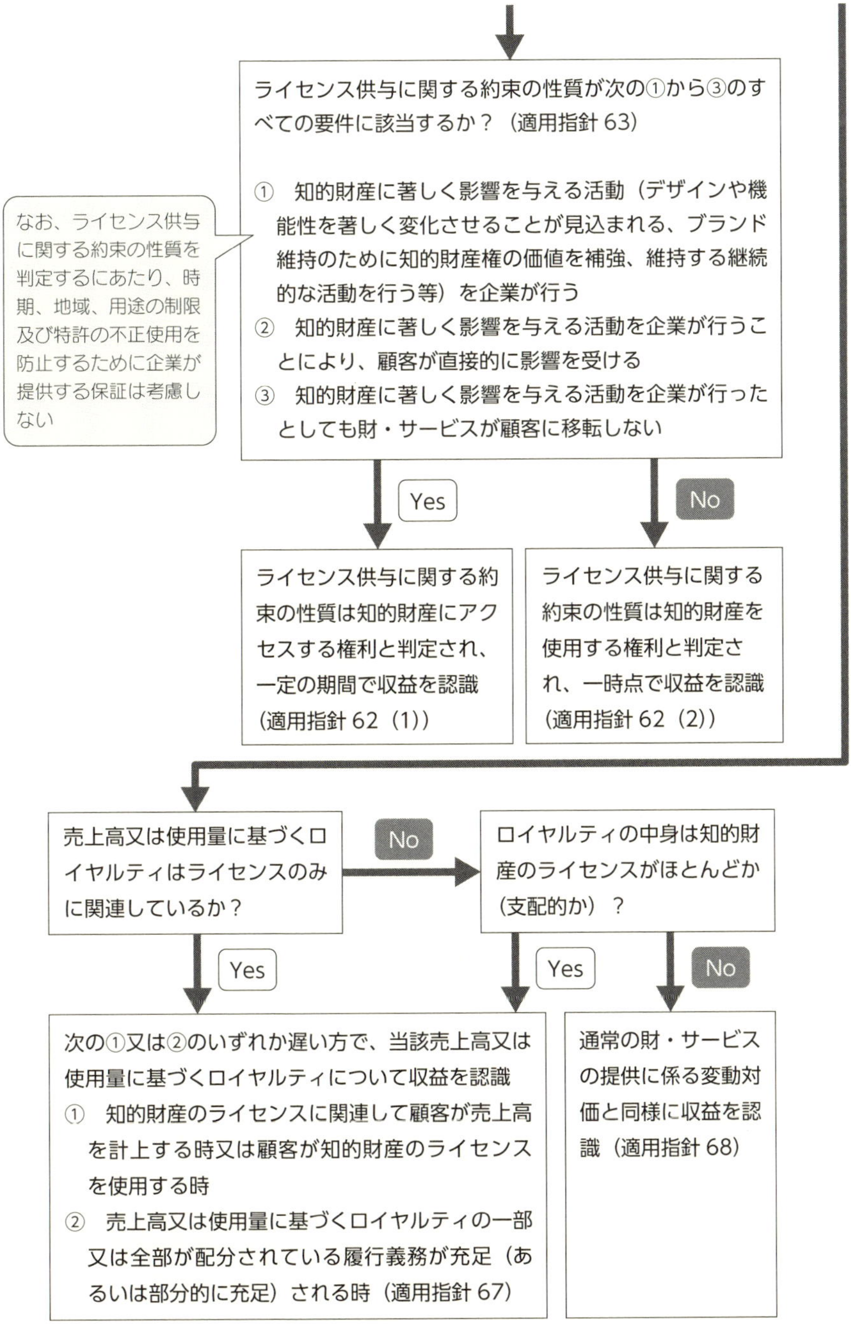

ライセンス供与に関する約束の性質が次の①から③のすべての要件に該当するか？（適用指針63）

① 知的財産に著しく影響を与える活動（デザインや機能性を著しく変化させることが見込まれる、ブランド維持のために知的財産権の価値を補強、維持する継続的な活動を行う等）を企業が行う
② 知的財産に著しく影響を与える活動を企業が行うことにより、顧客が直接的に影響を受ける
③ 知的財産に著しく影響を与える活動を企業が行ったとしても財・サービスが顧客に移転しない

なお、ライセンス供与に関する約束の性質を判定するにあたり、時期、地域、用途の制限及び特許の不正使用を防止するために企業が提供する保証は考慮しない

Yes → ライセンス供与に関する約束の性質は知的財産にアクセスする権利と判定され、一定の期間で収益を認識（適用指針62（1））

No → ライセンス供与に関する約束の性質は知的財産を使用する権利と判定され、一時点で収益を認識（適用指針62（2））

売上高又は使用量に基づくロイヤルティはライセンスのみに関連しているか？

No → ロイヤルティの中身は知的財産のライセンスがほとんどか（支配的か）？

Yes → 次の①又は②のいずれか遅い方で、当該売上高又は使用量に基づくロイヤルティについて収益を認識
① 知的財産のライセンスに関連して顧客が売上高を計上する時又は顧客が知的財産のライセンスを使用する時
② 売上高又は使用量に基づくロイヤルティの一部又は全部が配分されている履行義務が充足（あるいは部分的に充足）される時（適用指針67）

No → 通常の財・サービスの提供に係る変動対価と同様に収益を認識（適用指針68）

Q3-16

Step2、5

ソフトウェアを販売している会社への影響を教えてください。
（使用権かアクセス権か。その判定はどのように行うのか？）

Answer.

知的財産へのアクセス権か使用権かの判定は、３要件に照らして行います。

アクセス権と判定されれば一定期間にわたり充足される履行義務として、使用権と判定されれば一時点で充足される履行義務として会計処理を行います（ライセンス供与に関する会計処理の全体像は、Q3-15を参照）。

1…会計上の論点：知的財産のアクセス権か使用権か

（1）定義と会計処理方法

当会計基準等では、ライセンスを企業の知的財産に対する顧客の権利を定めるものと定義しています（適用指針 61）。

このライセンスを供与するというサービスの会計処理方法は、大きく以下の２つに分かれます（適用指針 62）。

① 知的財産へのアクセス権

定義	ライセンス期間にわたり存在する企業の知的財産にアクセスする権利
会計処理方法	一定期間にわたり充足される履行義務として処理

②　知的財産への使用権

定義	ライセンスが供与される時点で存在する企業の知的財産を使用する権利
会計処理方法	一時点で充足される履行義務として処理

(2)「知的財産へのアクセス権」である要件

知的財産へのアクセス権である要件は、具体的には以下の3つの要件のすべてを満たす場合となります（適用指針63）。要件が1つでも該当しなければ、アクセス権ではなく使用権であるとの判断になります。

①　知的財産に著しく影響を与える活動を企業が行うことが、契約によって定められていたり顧客から合理的な期待を抱かれていること。

【例】セキュリティ対策ソフトは常に最新のウイルス対策が施されていることが必要であり、それは顧客から期待されています。

②　知的財産に著しく影響を与える企業の活動により、顧客が直接的に影響を受けること。

【例】セキュリティ対策ソフトに最新のウイルス対策が施されているということは、顧客のセキュリティの程度に大きく影響を及ぼします。

③　知的財産に著しく影響を与える企業の活動の結果として、企業の活動が生じたとしてもそれにより財・サービスが顧客に移転しないこと。

【例】セキュリティ対策ソフトを最新のウイルス対策となるようアップデートする活動を企業が行ったとしても、その活動自体により別途のサービスが顧客との間で発生するわけではありません。

(3) アクセス権と使用権のイメージ

知的財産へのアクセス権に当たるのか使用権に当たるのかを判断する際は、顧客が何に価値を見いだしているのかを考えるとイメージしやすいでしょう。

例えば、セキュリティ対策ソフトウェアの場合、顧客はソフトウェア購入時点の状態からさらに随時更新され続ける状態を期待しています。そのため、ソフトウェア提供企業は、更新作業により常に最新の状態を維持するという付随の活動が生じ続けることになります。このような場合、アクセス権に該当します。

一方、過去の映画の放映権の場合、顧客はその完成された映画を見られることを期待しています。そのため、映画自体が更新される等の付随の活動は生じません。このような場合、使用権に該当します。

	知的財産へのアクセス権	知的財産の使用権
イメージ	・随時、更新活動が施される知的財産 ・付随活動が生じ続ける	・ライセンス付与時点ですでに確立されている知的財産 ・付随活動は生じない
例	・セキュリティ対策ソフト ・肖像権 ・キャラクター画像	・Windows OS ・過去の映画の放映権 ・特許権

2…事例

(1) 前提

【ケース1】

- A社はパッケージソフトウェアを製造・販売している会社である。
- A社は、使用方法についての問い合わせサポートの他に、ソフトウェアの機能性を変化させる義務を負っていないし、顧客も期待していない。
- 当該ソフトウェアは、サポートがなくても機能するものであり、A社の活動自体に著しい影響を受けるものではない。

【ケース2】

- B社はセキュリティ対策ソフトウェアを製造･販売している会社である。
- B社は、使用方法についての問い合わせサポートの他に、コンピュータウイルスの発生に応じて、常時ソフトウェアの機能性を向上させる義務を負っており、顧客もそれを期待している。
- 当該ソフトウェアは、会社の機能性向上に関わる活動を前提としており、顧客はB社の活動自体に直接的に著しい影響を受ける。

● A 社、B 社ともに 2 年間のライセンスを 100 百万円で販売している。

(2) 従来の処理

会計

A 社も B 社も同様の会計処理を行う

1 年目　(単位：百万円)

(借)	売掛金	55	(貸) 売上	50
			仮受消費税	5

2 年目

(借)	売掛金	55	(貸) 売上	50
			仮受消費税	5

2 年間のライセンス期間にわたり収益を認識します。

法人税

会計と同じ（申告調整なし）です。

(3) 適用後の処理

会計　A 社

1 年目　(単位：百万円)

(借)	売掛金	110	(貸) 売上	100
			仮受消費税	10

2 年目

仕訳なし

ライセンス期間の開始時点で、全額を収益として認識します。

会計　B社

1年目 （単位：百万円）

㈰ 売掛金	55	㈭ 売上	50
		仮受消費税	5

2年目

㈰ 売掛金	55	㈭ 売上	50
		仮受消費税	5

2年間のライセンス期間にわたり収益を認識します。

法人税

会計と同じ（申告調整なし）です。

IFRS15号適用会社の開示例

【株式会社ネクソン　2018年12月期有価証券報告書】

経理の状況≫連結財務諸表等≫連結財務諸表注記≫重要な会計方針等≫収益

当社グループが開発し製品化したPCオンラインゲームの配信権を供与することによるロイヤリティ収益

当社グループは、当社グループが開発し、製品化したPCオンラインゲームの著作権者として、グループ外の配信会社とライセンス契約を締結し、その配信権を供与します。

配信権を第三者に供与することによって発生するロイヤリティ収益は、取引に関連する経済的便益が当社グループに流入する可能性が高く、かつ収益の金額を信頼性をもって測定できるときに、関連するロイヤリティ契約の契約期間にわたり履行義務が充足されるものと認識しております。

なお、ライセンス契約による配信権の供与は、本人として取引を行っております。

Q3-17

Step2、5

Chapter 3

特許権等の知的財産を使う権利（ライセンス）を付与する契約が財・サービスを提供する約束と別個のものでない場合、どのように会計処理するのですか？

Answer.

ライセンスを供与する約束が、財・サービスを提供する約束と別個のものでない場合、それらを一括して単一の履行義務として会計処理を行います。単一の履行義務は、一定期間にわたり充足される履行義務か、一時点で充足される履行義務かに分かれます（ライセンス供与に関する会計処理の全体像はQ3-15を参照）。

なお、法人税及び消費税の取扱いは会計と同様になります。

1…会計上の論点：ライセンスを供与する約束が、財・サービスを提供する約束と別個のものであるか

次のいずれの要件も満たす場合には、ライセンスを供与する約束と財・サービスを提供する約束とは別個のものであると判断されます（会計基準34）。

要件①：ライセンス、財・サービスのそれぞれから単独で顧客が便益を享受できる。あるいは、顧客が容易に利用できる他の資源との組み合わせにより便益を享受できる。

要件②：ライセンス、財・サービスのそれぞれの約束が、契約の観点においても別個のものである。

この結果、別個のものではないと判断された場合、ライセンス、財・サービスは一括して単一の履行義務として会計処理を行います。

2…事 例

(1) 前提

- A 社は製薬会社である。
- A 社は顧客である B 社に、複合薬 X に対する特許権のライセンスを供与することと、B 社のために複合薬 X を製造することを約束した。
- ライセンスの提供期間、製造期間はそれぞれ 2 年とする。
- 取引対価は 200 百万円である。

【ケース 1】 複合薬 X の製造プロセスが非常に特殊であり A 社しか製造を行うことができない場合

(要件への当てはめ)

- 製造プロセスが非常に特殊であるため、ライセンスの供与と製造は一体であり、B 社はそれぞれ個別に便益を得ることができない。つまり、要件①を満たさず、履行義務は別個のものではなく一体であると判断される。

【ケース 2】 複合薬 X の製造プロセスは特殊ではなく、A 社以外の企業でも製造を行うことができる場合

(要件への当てはめ)

- 製造プロセスは特殊ではないため、ライセンスと A 社以外の他社が提供する製造サービスとを組み合わせることにより、B 社は便益の享受が可能である。つまり、要件①を満たす。
- ライセンスの供与と製造は、それぞれ別に独立して購入することができる。
- ライセンスの供与と製造は、それぞれに他方に著しい修正を求めるものではない。
- ライセンスを移転する契約は、製造とは別に実行することができる。また、A 社は B 社に製造だけの契約を提供することも可能である。

つまり、要件②も満たす。

以上より、履行義務は別個のものであると判断される。

(2) 従来の処理

[会計]

期間の定めがある場合には、その期間に応じて収益を認識する実務が一般的と思われます。

1年目 (単位：百万円)

(借) 売掛金	110	(貸) 売上（ライセンス及び製造）	100
		仮受消費税	10

2年目

(借) 売掛金	110	(貸) 売上（ライセンス及び製造）	100
		仮受消費税	10

[法人税]

会計と同じ（申告調整なし）です。

(3) 適用後の処理

[会計] ケース1

一体の履行義務、すなわち、ライセンスの供与と製造サービスの束が、一時点で充足されるか一定の期間で充足されるかを判断します（Q3-6参照）。ここでは、一定の期間で充足されると仮定します。

1年目 (単位：百万円)

(借) 売掛金	110	(貸) 売上	100
		仮受消費税	10

2年目

[借]	売掛金	110	[貸] 売上	100
			仮受消費税	10

[会計] ケース2

別個の履行義務はそれぞれ、一時点で充足されるか一定の期間で充足されるかを判断します（Q3-6参照）。ライセンスの供与は一時点で充足、製造は一定の期間で充足されると仮定します。また、ライセンスと製造の対価は、ちょうど半分ずつと仮定します。

1年目　（単位：百万円）

[借]	売掛金	110	[貸] 売上（ライセンス）	100
			仮受消費税	10
[借]	売掛金	55	[貸] 売上（製造）	50
			仮受消費税	5

2年目

[借]	売掛金	55	[貸] 売上（製造）	50
			仮受消費税	5

[法人税]

会計と同じ（申告調整なし）です。

IFRS15号適用会社の開示例

【中外製薬株式会社　2018年12月期有価証券報告書】

経理の状況≫連結財務諸表等≫連結財務諸表注記≫重要な会計方針等≫会計方針≫収益

> ロイヤルティ及びその他の営業収入：ロイヤルティ及びその他の営業収入にはロイヤルティ収入、ライセンス導出契約からの収入、製品の製造販売権等の譲渡からの収入等が含まれます。

（中略）

ライセンス導出契約からの収入は通常、製品や技術に関する知的財産をライセンスとして第三者に供与し、契約一時金、マイルストン及びその他類似した支払いの受領から発生します。ライセンス導出契約には、導出以降の義務が一切ない場合、または研究、後期開発、規制当局承認、共同販促、製造への関与を含んでいる場合があります。導出されるライセンスは、通常は知的財産を使用する権利であり、一般的に固有のものであります。そのため、ライセンス導出契約に複数の履行義務が含まれている場合、残余アプローチによりそれぞれの履行義務に対する取引価格を配分しております。契約一時金及びその他のライセンス収入は、残余アプローチを使用し収入の一部を他の履行義務に繰り延べない限り、通常はライセンスの供与をもって認識しております。導出以降の履行義務に対応する繰延収益に関しては、それぞれの履行義務を充足した時に、負債の認識の中止及び収益の認識をしております。マイルストン収入はマイルストン条件を達成する可能性が非常に高く、収益の戻入のリスクが非常に低くなった時点で認識しております。

（後略）

【大塚ホールディングス株式会社　2018 年 12 月期有価証券報告書】

経理の状況≫連結財務諸表等≫連結財務諸表注記≫重要な会計方針≫売上収益≫ライセンス収入及びロイヤリティ収入

ライセンス収入は、当社グループが第三者との間で締結した開発品又は製品の開発・販売権等に関するライセンス契約等に基づいて受領した契約一時金、マイルストーンによる収入であります。ライセンス契約等において、履行義務が一時点で充足される場合には、開発権・販売権等を付与した時点で契約一時金を売上収益として認識し、契約上定められたマイルストーンが達成された時点でマイルストーンによる収入を売上収益として認識しております。履行義務が一定期間にわたり充足される場合には、当該対価を契約負債として計上し、個々の契約ごとに決定した開発協力等の履行義務の充足に関する進捗度の測定方法に従い、契約一時金、マイルストーンによる収入を予想される契約期間等の一定期間にわたり売上収益として認識しております。なお、マイルストーンによる収入は、事後に重大な戻入れが生じる可能性を考慮し、契約上定められたマイルストーンが達成された時点から売上収益として認識しております。

（後略）

Q3-18

Step2、5

知的財産のライセンス供与に対して受け取る売上高又は使用量に基づくロイヤルティはどのように会計処理するのですか？

Answer.

売上高又は使用量に基づくロイヤルティが知的財産のライセンスのみに関連している場合、あるいは当該ロイヤルティにおいて知的財産のライセンスが支配的な項目である場合には、変動対価の定め（会計基準 54 及び 55）を適用せずに異なる処理を行う必要があります。

法人税及び消費税の取扱いは会計と同様になります。

1…会計上の論点：売上高又は使用量に基づくロイヤルティの会計処理

知的財産のライセンス供与に対して受け取る売上高又は使用量に基づくロイヤルティについては、Q3-15 に記載しているフローにより会計処理方法を判断します。

2…事 例

(1) 前提

- M 社は、ハンバーガー店を全国展開するフランチャイザーである。
- M 社の顧客は、フランチャイジーである C 社である。
- M 社と C 社のフランチャイズ契約は 10 年間である。

- C社はM社とフランチャイズ契約をすることにより、「Makハンバーガー」の称号を利用し、ハンバーガー店の営業を行うことができる。
- 店舗で使用する設備等はすべてM社指定のものを、C社がM社から一括購入する。開店時にかかる設備費用は、20,000千円である。なお、これらの設備の独立販売価格も20,000千円である。
- C社は店舗売上の5%をロイヤルティとしてM社に対して毎月支払う。なお、初月売上高は5,000千円、翌月売上高は6,000千円であった。
- M社は、顧客分析、経営効率化のアドバイス、販促キャンペーンの実施をすることとなっている。

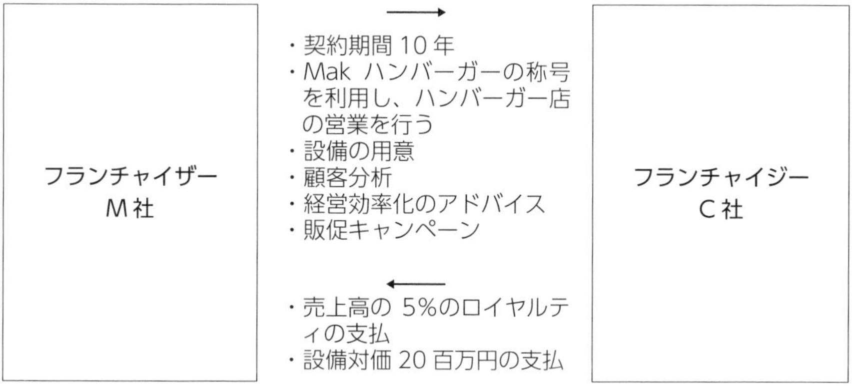

フランチャイザー M社	→ ・契約期間10年 ・Makハンバーガーの称号を利用し、ハンバーガー店の営業を行う ・設備の用意 ・顧客分析 ・経営効率化のアドバイス ・販促キャンペーン ← ・売上高の5%のロイヤルティの支払 ・設備対価20百万円の支払	フランチャイジー C社

(2) 従来の処理

会計　　　　（単位：千円）

（設備の納品時）

㈹ 売掛金	22,000	㈾ 売上	20,000
		仮受消費税	2,000

店舗からのロイヤルティ入金時

（初月分の入金時）			
㈫ 現金預金	275	㈭ 売上	250 *1
		仮受消費税	25
（翌月分の入金時）			
㈫ 現金預金	330	㈭ 売上	300 *2
		仮受消費税	30

＊1　5,000 千円× 5 ％＝ 250 千円
＊2　6,000 千円× 5 ％＝ 300 千円

法人税

会計と同じ（申告調整なし）です。

(3) 適用後の処理

会計

・M 社が受け取る対価は、20,000 千円の固定対価と、C 社の店舗売上の 5％の変動対価である。
・M 社の履行義務は、フランチャイズのライセンス供与と設備の移転である。C 社にとっては、フランチャイズのライセンス供与が主たる価値であり支配的である。
・開店時にかかる設備費用 20,000 千円を設備の対価に全額配分することは、設備の独立販売価格が 20,000 千円であることと整合的である。
・店舗の売上高に基づくロイヤルティの形式による対価は、フランチャイズのライセンスに明確に関係するものである。したがって、通常の変動対価の定めによらず、C 社の運営するハンバーガー店の売上が生じるにつれて、ロイヤルティに係る売上を M 社においても計上する（適用指針 67）。

（単位：千円）

（設備の納品時）

(借) 売掛金	22,000	(貸) 売上	20,000
		仮受消費税	2,000

店舗売上発生時

（初月）

(借) 売掛金	275	(貸) 売上	250 *3
		仮受消費税	25

（翌月）

(借) 売掛金	330	(貸) 売上	300 *4
		仮受消費税	30

＊3　5,000 千円 × 5 ％ ＝ 250 千円
＊4　6,000 千円 × 5 ％ ＝ 300 千円

[法人税]

会計と同じ（申告調整なし）です。

IFRS15 号適用会社の開示例

【中外製薬株式会社　2018 年 12 月期有価証券報告書】

経理の状況≫連結財務諸表等≫連結財務諸表注記≫重要な会計方針等≫会計方針≫収益

ロイヤルティ及びその他の営業収入：ロイヤルティ及びその他の営業収入にはロイヤルティ収入、ライセンス導出契約からの収入、製品の製造販売権等の譲渡からの収入等が含まれます。

知的財産のライセンスと交換に約束した売上高ベースまたは使用量ベースのロイヤルティに係る収入は、その後の売上または使用に基づき認識しております。

（後略）

【大塚ホールディングス株式会社　2018年12月期有価証券報告書】

経理の状況≫連結財務諸表等≫連結財務諸表注記≫重要な会計方針≫売上収益≫ライセンス収入及びロイヤリティ収入

> （前略）
> 　ロイヤリティ収入は、契約相手先の売上収益等を基礎に算定されたライセンス契約等における対価であり、契約相手先の売上収益等の発生と履行義務の充足のいずれか遅い時点で、売上収益として認識しております。
> （後略）

【コラム】～フランチャイザー（貸手）の収益表示～

　Q3-13において収益の総額表示・純額表示について検討しましたが、フランチャイズ契約におけるフランチャイザー（貸手）は総額表示になるのでしょうか、純額表示になるのでしょうか。

　フランチャイズ契約には様々なものがありますが、フランチャイザーが商品をフランチャイジー（借手）に卸している場合で、フランチャイザーが在庫リスクを負っていない場合があります（売れ残りはフランチャイジーの負担）。ただし、一般的にはフランチャイジーは価格の決定権を有していないことが多く、また、フランチャイジーはフランチャイザーから仕入れている以上、財・サービスの提供責任も、フランチャイザーが負っていると考えられます。したがって、基本的にはフランチャイザーは「本人」と考えられ、売上・仕入は総額表示になると思われます。在庫リスクに関しても、フランチャイジーが店舗を閉める際にはフランチャイザーが在庫を買い取る契約になっている等であれば、フランチャイザーが在庫リスクを負っていないとは言い切れないため、なおさら総額表示となると考えられます。

Q3-19

Step2

自社商品券を発行している会社は、収益の計上の金額及び認識のタイミングについて今までと何が変わるのですか？

Answer.

自社商品券発行時に受けた対価は負債となり、履行義務充足時に収益認識します。未行使部分についても一定時期に収益認識します。法人税法上も会計と基本的には同じになります。ただし、消費税法上は発行時不課税、財・サービスの提供時に課税売上となります。

1…会計上の論点：未行使部分の収益認識

従来、商品券の未行使部分は一定期間（時効や期限）が経過するまで収益計上しないケースがほとんどでした。当会計基準等適用後は、未行使部分についても下記のタイミングでの収益認識が必要になります。

未行使部分の内容	収益認識のタイミング（適用指針 54）
企業が将来において権利を得ると見込む（使用されることがないと考える）部分	使用部分に比例して収益認識
企業が将来において権利を得ると見込まない（いずれは使用されると考える）部分	顧客が権利を行使する可能性が「極めて」低くなった時点で収益認識

見込みの判定は、最頻値法 or 期待値法で行う（会計基準 54, 51）。（Q3-5 参照）

これに関しての税務上の取扱いは、事例の中で解説します。

2…事例

(1) 前提

- A社は小売業を営んでおり、自社商品券も発行している。×1年に商品券100,000円を発行した。
- そのうち×1年に45,000円（税込）については商品を引き渡した。
- ×6年末に商品券は期限が到来した。
- 非権利行使割合は過去の実績から10%としている。

(2) 従来の処理

会計　　（単位：円）

（商品券発行時）

㈶ 現金預金	100,000	㈻ 前受金（不課税）	100,000

（商品引渡し時）

㈶ 前受金	45,000	㈻ 売上	40,909
		仮受消費税	4,091

（期限到来時の未行使分）

㈶ 前受金	10,000*	㈻ 雑収入（不課税）	10,000

* 後述【表】収益計上非行使額を参照。消費税法上の取扱いは消費税法別表第一四ハ、消基通6-4-5及び9-1-22を参照。

法人税（仕訳は起こさないためイメージ仕訳）　　（単位：円）

（商品券発行時）

㈶ 現金預金	100,000	㈻ 売上	100,000

(商品券引渡し時)
仕訳なし

(期限到来時の未行使分)
仕訳なし

※旧法人税基本通達2-1-39に基づく所轄税務署長等の確認を受けていないことを前提（発行日の属する事業年度の益金の額とする処理）としています。

(3) 適用後の処理

会計　　(単位：円)

(商品券発行時)

㈨ 現金預金	100,000	㈹ 契約負債（不課税）	100,000

(商品引渡し時)

㈨ 前受金	45,000	㈹ 売上	40,909
		仮受消費税	4,091

(決算時：未行使分のうち一部分)

㈨ 契約負債	5,000*[1,4]	㈹ 雑収入（不課税）	5,000*[1,4]

＊1　当会計基準等には未行使分の計算について具体的計算は示されていませんが、法基通2-1-39の2に非行使分の処理について具体的計算方法（商品引換券の発行の日から10年経過日の属する事業年度までの各事業年度においては、当該非行使部分に係る対価の額に（累積）権利行使割合（相手方が行使すると見込まれる部分の金額のうちに実際に行使された金額の占める割合をいう）を乗じて得た金額からすでにこの取扱いに基づき益金の額に算入された金額を控除する方法（法基通2-1-39の2））が示されており、当該方法が実態と相違しないことを前提に、会計も当該計算に倣うことが考えられます。ここでも当該計算によっています。

【表：収益計上する各期に収入計上すべき非権利行使分の計算】

（単位：円）	発行額	使用額	累積権利行使割合*3	収益計上非行使額
	100,000			
×1年度		45,000	50%	5,000*4
×2年度		22,500	75%	2,500*5
×3年度		9,000	85%	1,000
×4年度		9,000	95%	1,000
×5年度		4,500	100%	500
合計		90,000		10,000*2

＊2　発行額100,000×事例より過去の実績から非権利行使割合10％＝10,000円

＊3　累積使用額÷（発行額－非行使額合計）

＊4　非行使額合計10,000円×累積権利行使割合50％－過去の収益計上額0円＝5,000円

＊5　非行使額合計10,000円×累積権利行使割合75％－過去の収益計上額5,000円＝2,500円

法人税

基本的には会計と同じ（申告調整なし）です。すなわち、商品券の発行の日から10年経過した日が属する事業年度までは、「非行使部分に係る対価の額に権利行使割合を乗じて得た金額から、既に益金算入された金額を控除した金額を益金算入」し、10年を経過した日の属する事業年度終了の時において未行使額がある場合には、一括で益金算入されます（法基通2-1-39の2）。

これに対して、会計は10年等の縛りがないため、使用期間が10年超える場合には、会計上は【表1】のような計算を10年経過以後も行うのに対し、法人税法上は、10年経過後残存している負債は一括で益金算入されることとなりますので、使用期間が10年を超える場合には申告調整が必要になります。

また、非行使部分の見積りを行う場合には、過去における実績から合理的に見積もられたものであることを証明する根拠資料を保存しておくことが必要となります（法基通2-1-39の2（注）1）。

Q3-20

Step5

有償支給取引の会計処理はどのように変わるのですか？

Answer.

買戻し義務のある有償支給の場合、原則として棚卸資産を減少させません。一方、買戻し義務のない場合、棚卸資産を減少させます。いずれの場合も有償支給取引から収益は認識しません。なお、法人税の取扱いは会計と同様になりますが、消費税の取扱いは消基通 5-2-16 に従います。

1…会計上の論点：買戻し義務の有無

支給品（材料等）を支給先（外注加工委託先）に譲渡し、支給先で加工した後、当該支給品を買い戻す取引は有償支給取引と呼ばれています。

このような有償支給取引は当社が支給先に譲渡した支給品を買い戻す義務があるかないかによって、下表のように会計処理が異なります。なお、買戻し義務があれば棚卸資産を減少させない処理が原則ですが、支給先での在庫管理の困難性等の理由から、個別財務諸表上、棚卸資産を減少させる代替的処理も認められています（適用指針 104）。

買戻し義務	財務諸表	棚卸資産	支給品譲渡に係る収益
あり	連結	減少させない	認識しない
	個別	代替的処理可能	
なし	連結個別とも	減少させる	

2…事 例

(1) 前提

- A 社は取得原価 1,000 千円の材料を外注加工委託先の B 社に 1,200 千円で有償支給した。なお、当該取引は、対価を得て行う資産の譲渡に該当し、消費税が課税される取引であるとする(消基通 5-2-16)。
- B 社加工後、A 社は 1,500 千円で B 社から買い戻した(加工賃 300 千円)。

(2) 従来の処理

有償支給については個々の企業で様々な会計処理が行われ、使用する勘定科目も様々です。結果として、債権債務だけ計上し、支給品譲渡に係る収益は認識しない処理が通常です。

会計　(単位：千円)

(有償支給時)

(借) 未収入金	1,320	(貸) 売上高	1,200
		仮受消費税	120

在庫管理システム上、有償支給時に材料が 1,000 千円減少することになりますが、材料在高を認識する実際の仕訳は月次処理で行われていると思われます。仕訳が有償支給時に起こると仮定すると、仕訳イメージは下記点線枠内のようになります。

(借) 材料売上原価	1,000	(貸) 材料	1,000

(買戻し時)

(借) 仕入	1,500	(貸) 買掛金	1,650
仮受消費税	150		

在庫管理システム上、買戻し時に材料が当初取得原価 1,000 千円に加工

賃300千円を上乗せした1,300千円増えることになりますが、材料在高を認識する実際の仕訳は月次処理で行われていると思われます。仕訳が買戻し時に起こると仮定すると、仕訳イメージは下記のようになります。

㈺ 材料	1,300	㈾ 材料売上原価	1,300

（月次処理時（決算時））

㈺ 売上高	1,200	㈾ 仕入	1,200
材料	300	仕入	300
買掛金	1,320	未収入金	1,320

売上と仕入が相殺されて売上は全額消去され、結局、加工賃に相当する仕入300千円だけが残ります。そして、材料の月末在高を帳簿に反映させるため、仕入を材料に振り替えます。また、消費税も加工賃300千円に係る部分だけの金額となります。もし債権債務が決済されていなければ相殺します。なお、有償支給時と買戻し時の間に決算日が到来した場合、有償支給時に計上した売上を取り消すのが理論的な処理です。

法人税

会計と同じ（申告調整なし）です。

(3) 適用後の処理

会計

① 買戻し義務がある場合（一例）　（単位：千円）

（有償支給時）

㈺ 未収入金	1,320	㈾ 売上高	1,200
		仮受消費税	120
売上高	1,200	有償支給負債	1,200

A社に買戻し義務があることから、B社は勝手に当該材料をA社以外に売却・処分等することが制限されています。よって、当該材料に対する支配がB社に移転していないため、A社は当該材料を棚卸資産から減少させません（物理的な材料は有償支給時にB社に移転します）。

（買戻し時）

㈹ 仕入	1,500	㈶ 買掛金	1,650
仮受消費税	150		
有償支給負債	1,200	仕入	1,200

結果として、加工賃に相当する仕入300千円だけ認識します。また、有償支給負債を買掛金に振り替えます。これは月次処理で行う場合もあるでしょう。

（月次処理時（決算時））

㈹ 材料	300	㈶ 仕入	300
買掛金	1,320	未収入金	1,320

もし債権債務が決済されていなければ、相殺します。

② 買戻し義務がない場合

買戻し義務がない場合は、A社が支給した材料の在庫リスクをB社が負うことになります。よって、当該材料に対する支配がB社に移転するため、A社は当該材料を棚卸資産から減少させます。ただし、この場合でも、当該材料の有償支給に係る収益と最終製品の販売に係る収益が二重計上されることを避けるため、当該材料の有償支給に係る収益は認識しません。

（単位：千円）

（有償支給時）

㈰ 未収入金	1,320	㈹ 売上高	1,200
		仮受消費税	120
売上高	1,200	材料	1,000
		有償支給負債	200

（買戻し時）

㈰ 仕入	1,500	㈹ 買掛金	1,650
仮受消費税	150		
材料	1,300	仕入	1,500
有償支給負債	200		

③　買戻し義務がある場合の代替的処理

買戻し義務がある場合でも個別財務諸表上、棚卸資産から減少させる代替的処理が認められています。代替的処理を採用していて有償支給時と買戻し時の間に決算日が到来した場合、下記の連結修正仕訳が必要になります。

（単位：千円）

（決算時（連結修正））

㈰ 材料	1,000	㈹ 有償支給負債	1,000

法人税

会計と同じ（申告調整なし）です。

【コラム】～有償支給に伴う負債の計上？！～

買戻し義務がある有償支給については、基本的に在庫を減少させないこととなります。それに伴い、有償支給時に発生する未収入金と見合いで、何らかの負債を認識することとなりますが、それについては当会計基準等では明記はされていません。ただし、買戻し義務がある場合に収益は認識しないことは明確ですので、買戻し義務を表す意味での負債を認識することとするしかない、というのが現状の考え方です。

一方、有償支給時に未収入金を認識するうえで、在庫の減少を認識しないことにより、在庫の金額分、資産が二重となる結果を招きます。完全に私見ですが、当該結果が実態とあまりに相違する場合には、監査法人との協議のうえ、当該負債と二重に計上されている資産を相殺して表示する等の対応が必要になることもあるのではないかと考えます。

Q3-21

Step5

委託販売取引に該当するか否かはどのような指標で判断されるのですか？

Answer.

当会計基準等では、契約が委託販売契約であることを示す指標が例示されています。すなわち、委託者が商品を支配している、商品の返還要求を行うことができる、他の第三者に商品を販売できる場合、あるいは、受託者が商品の対価を無条件に支払う義務を負っていない場合には、委託販売契約である可能性が高くなります。

1…会計上の論点：委託販売取引に該当するか否か。該当すれば、受託者への商品の引渡し時点において収益を認識しない

商品等（商品や製品）を、顧客に販売するために受託者（販売業者等の他の当事者）に引き渡す場合、その時点で受託者が支配を獲得したかどうかを判定する必要があります。

[図]

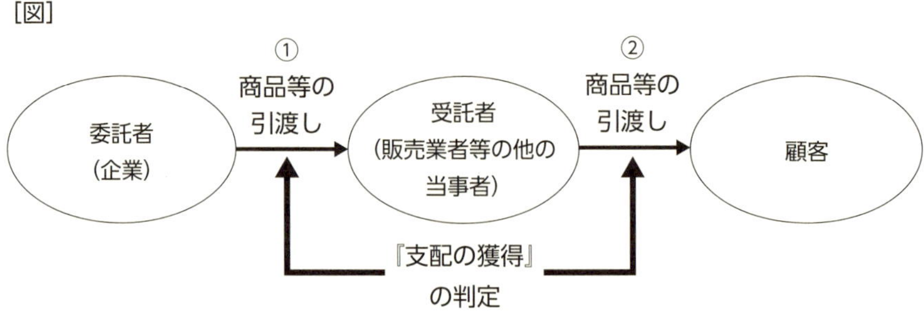

受託者が支配を獲得していない場合、受託者は委託販売契約として商品等を保有している可能性があります。その場合、受託者への商品等の引渡し時点において委託者は収益を認識せず、顧客への引渡し時点において収益を認識します。

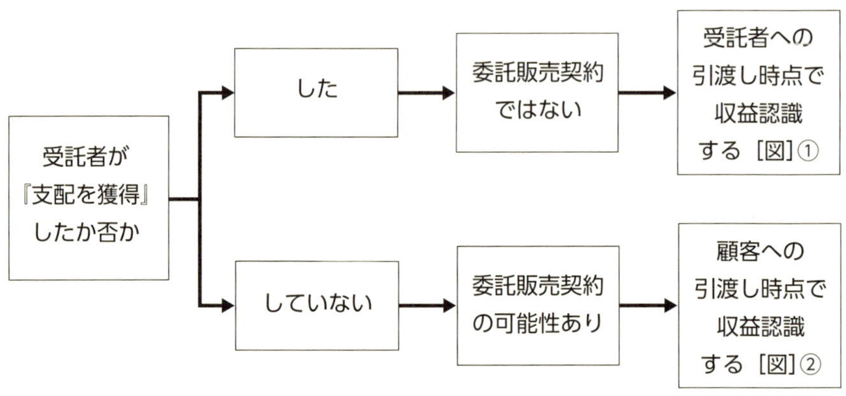

契約が委託販売契約であることを示す指標として、例えば以下のものがあります。

- 受託者が商品を販売するまで、又は決められた期間が満了するまで、委託者が商品等を支配していること
- 委託者が、商品等の返還要求を行うことができること
- 委託者が、商品等を他の第三者に販売することができること
- 受託者が、商品等の対価を無条件に支払う義務を有していないこと

これらに該当する場合には、委託販売契約である可能性が高いといえます。

2…事例

(1) 前提

- A社はオフィス機器を販売している。
- A社は、オフィス機器の顧客への直接販売を行わず、販売業者を通じて商品を届けている。

(2) 従来の処理

会計

原則…受託者が商品等を販売した日に収益を認識する
例外…仕切精算書が販売の都度送付されている場合には、当該仕切精算書が委託者に到達した日に収益を認識することも認められている

法人税及び消費税

会計と同じ（申告調整なし）です。

(3) 適用後の処理

会計

委託販売契約であるか否かを判断し、委託販売契約に該当する場合には顧客に対する履行義務を充足した時点、すなわち、オフィス機器を顧客が検収した時点で収益を認識します。

法人税及び消費税

会計と同じ（申告調整なし）です。

Q3-22

Step5

請求済未出荷契約がある会社は、収益の認識時点に関して今までと何が変わるのですか？

Answer.

請求済未出荷契約においては、顧客が商品等の支配を獲得したと判断するための４要件が設けられており、履行義務の充足時点の判定にあたり考慮する必要がある。

1…会計上の論点：請求済未出荷契約における支配の獲得時点

請求済未出荷契約とは、企業が顧客に対して対価の請求は行ったが、商品等は物理的には未出荷（物理的占有を保持している）の状態である契約をいいます。

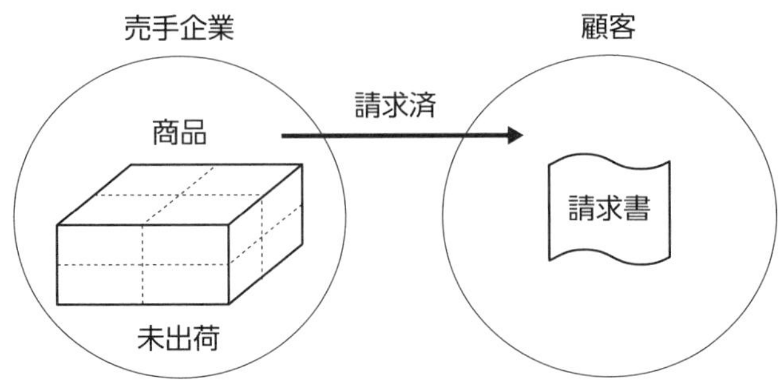

このような請求済未出荷契約について、商品等を移転するという履行義務をいつ充足したのか判定する際に、顧客が商品等の支配をいつ獲得した

のかを考慮します。

具体的には、一時点で充足される履行義務の要件（会計基準39、40）を適用のうえ、以下の4要件をすべて満たす場合には、顧客が商品等の支配を獲得したと判断します（適用指針79）。

（要件1）請求済未出荷契約を締結した合理的な理由があること（ex.顧客からの要望によるもの）

（要件2）商品等が、顧客のものとして区分して識別されていること

（要件3）商品等を顧客に対して物理的に移転する準備が整っていること

（要件4）売手企業が、商品等を使用する能力あるいは他の顧客に振り向ける能力を有していないこと

以上の4つの要件をすべて満たす場合には、顧客は商品等の支配を獲得したと判断することができます。よって、売手企業おいては履行義務が充足されたと判断できます。

2…事例

(1) 前提

- A社は冷蔵設備を販売している。
- A社の販売している冷蔵設備は、保管にスペースを要するため、顧客の要望により未出荷となるケースがある。
- 顧客であるB社は、A社に対して冷蔵設備の発注を行った。
- A社において冷蔵設備の配送の準備は整ったものの、B社の保管スペースの準備が遅れており、冷蔵設備の配送の延期を要望されている状態である。
- A社からB社への請求はすでに行われている。
- A社では、B社向け商品として区分管理しており、いつでも配送できる状態となっている。
- A社では、当該B社向け商品に関して、A社で自社使用する用途は一切なく、B社と約定済みであるため他の顧客に対する販促活動も一切行っていない。

(2) 従来の処理

会計

一般的な定めがないため、以下のような処理を行っている例がみられます。

- 請求時点で収益を認識する
- 実際に商品の引渡しを行った時点で収益を認識する

法人税及び消費税

会計と同じ（申告調整なし）です。

(3) 適用後の処理

会計

請求済未出荷契約であるため、4要件に従い、顧客が冷蔵設備の支配を獲得したか否かを判断する。

（要件1）未出荷となっているのは、顧客であるB社からの要望によるものである。

（要件2）B社に対して販売した冷蔵設備は、A社では区分して識別している。

（要件3）B社に対して販売した冷蔵設備は、B社の準備が整い次第、いつでも発送できる状態である。

（要件4）A社では自社で冷蔵設備を使用する予定はなく、当該冷蔵設備を他の顧客へ販売するための活動は一切行っていない。

したがって、すべての要件が満たされており、顧客であるB社は、当該冷蔵設備の支配を獲得していると判断することができます。ゆえに、A社では履行義務は充足されたものと判定され、4要件が充足された時点で収益を認識します。

法人税及び消費税

会計と同じ（申告調整なし）です。

Q3-23

Step5

顧客の検収が完了するまで顧客が支配を獲得しない場合とはどのような場合ですか？

Answer.

汎用品のように、単に数量を数えるような形式的な検収の場合は、検収前に収益計上することができる一方で、顧客仕様にカスタマイズされたような場合は検収が完了するまで顧客は支配を獲得しません。

1…会計上の論点：履行義務充足による収益の認識

検収とは、発注に応じて納められた品などを、注文の際の数量や仕様に合っていると確かめたうえで受け取ることをいい、資産の支配が顧客に移転したかどうかの判断基準の一つとなります（適用指針14（5））。

汎用品のような、仕様が一定で顧客が数量を数えるだけのような形式的な検収の場合は、検収するまでに他の履行義務がないことを前提として、検収前（例えば納品時）に収益計上が可能です。

一方、顧客仕様にカスタマイズされたような場合、注文の際の仕様に合っているかどうかを納品時に確認することは困難であり、検収が収益を認識するための要件と捉えることが多いと考えられます。そのため、顧客の検収が完了するまで収益計上しないこととなります。

また、試用販売のように顧客に財・サービスを引き渡し、一定の期間お試しで使ってもらい、顧客が買取の意思を表示したときに売買が成立する販売形態の場合、顧客は試用期間中であれば返品が可能で支払義務は生じないこととなります。

そのため、顧客が財・サービスを検収するか、あるいは試用期間が終了するまで収益計上しないこととなります。

これに関しての税務上の取扱いは、事例の中で解説します。

2…事 例

(1) 前提

① 形式的な検収の場合

- 飲料メーカーであるA社は、地下水をペットボトルに詰めて卸売業者に販売している。
- 3月31日にA社は卸売業者B社へ飲料水を販売した。
- B社は4月1日に検収を行った。

② 検収が収益を認識するための要件と捉えられている場合

- A社はシステム開発業を営んでおり、顧客の求めに応じて顧客仕様のシステムを構築・販売している。
- ×1年にB社から業務システムの注文を受け、×2年に納品した。
- B社は×3年において検収を完了した。

③ 試用販売の場合

- A社は通信販売業を営んでおり、顧客に対して販売する際に使用期間を設けている。
- ×1年12月に顧客にロボット掃除機を販売した。試用期間は1ヶ月であり、×2年1月に試用期間が終了した。
- 試用期間中に顧客が買取の意思表明をするか、意思表明をしないまま試用期間が終了すると売買が成立する契約になっている。なお、試用期間中に返品すれば売買は成立しない。

(2) 適用後の処理（従来の処理と同様）

会計

① 形式的な検収の場合

A社の収益認識は3月31日に行うことが可能です。

当会計基準等適用前は、出荷基準を採用している企業が多く、財・サービス出荷時に収益計上していました。この処理は結果として顧客検収前に収益計上されていることから、顧客の検収が形式的な場合には、会計基準適用後もこれまでの出荷基準による会計処理が認められます。

② 検収が収益を認識するための要件と捉えられている場合

A社の収益認識は×3年に行うことになります。

現行の会計基準であっても、ソフトウェアのように顧客仕様にカスタマイズされた財・サービスを販売する場合は、顧客が検収したことをもって収益計上していた実務が多いと考えられます。そのような検収が収益を認識するための要件と捉えている場合には、顧客検収後に収益認識する当会計基準等適用後も処理に差異はありません。

ただし、カスタマイズされた財・サービスを販売する際に、出荷基準にて収益計上していたような場合には、検収基準に変更する必要があります。

③ 試用販売の場合

A社の収益認識は×2年1月に行うことになります。

現行の会計基準であっても、試用販売の場合は試用期間中に顧客が買取りの意思表示をしたタイミングか、試用期間終了時に収益計上するケースが多く見受けられました。

当会計基準等適用後も処理に差異はありません。

法人税及び消費税

会計と同じ（申告調整なし）です。

Q3-24

Step2

配送活動の取扱いについてはどのように変更されるのですか？
（国内販売の場合）

Answer.

到着までが数日間の国内販売の場合等には、これまでどおり出荷時点での収益認識も可能です。税務上も基本的には同様です。

1…会計上の論点：配送活動は別個の履行義務か？その収益認識時期？

(1) 概要

配送活動は、財の移転と同じ契約になっていることが多々あります。当会計基準等適用後は、契約単位ではなく、履行義務単位で会計処理を行うため、財の移転と配送活動が、単一の履行義務なのか、別個の履行義務なのかを判断する必要があります（Q1-5 参照）。

(2) 履行義務を識別する際の考慮事項

財の移転と配送活動が単一の履行義務か否かは、会計基準 32 項～34 項に従い判断しますが、それに従うと下記の点等を考慮し判断するものと考えられます（一般的考慮事項）。

・財の移転と配送活動が、契約上分けられるかどうか

・財の移転に際し、配送を依頼するかどうか顧客に選択する余地があるかどうか

・企業が配送サービスを履行しなければ、財の移転という取引も成立しないかどうか

なお、顧客が商品又は製品に対する支配を獲得した後に行う配送活動については、別個の履行義務とせず、財の移転に係る履行義務に含めて考えてよい、という代替的取扱いがあります（適用指針94）。ここで、「顧客が商品又は製品に対する支配を獲得した後に行う配送活動」とは、顧客が商品を買ったと認識しており、その配送活動のみ未了となっている状況（小売り店舗で顧客が購入し、当該商品の配送を店舗に頼んだ場合）です。

(3) 単一の履行義務と判断された場合

財の移転と配送活動が、単一の履行義務と判断された場合には、両者を分解せず収益計上します。収益認識は、当該単一とされた履行義務が充足された時に行います。また、国内販売等の出荷から到着まで数日のような場合には、出荷時点から商品等の支配が顧客に移転される時点までの一時点（出荷時等）に収益を認識できます（適用指針98）。

なお、これに関しての税務上の取扱いは、会計と同じになります。

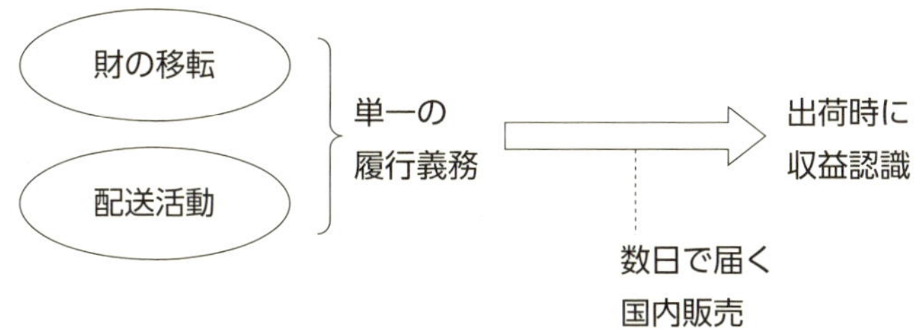

(4) 別個の履行義務と判断された場合（適用指針94項の代替的取扱いが不適用の場合を含む）

財・サービスの移転と配送活動が、別個の履行義務と判断された場合には、それぞれの履行義務が充足された時点で収益を認識します。配送活動について、個別に有償の契約となっている場合には、当該金額をもって配送活動の売上としますが、配送活動は無償で行う（契約上は、財・サービスの代金に含まれている）こととなっている場合には、対価を配送活動に

配分する必要があります。配分の方法はQ1-7、3-4を参照してください。

ただし、私見ですが、配送を無料で行っている等、財・サービスと一体の価格となっているということは、顧客のもとに到着して初めてすべての履行義務が充足されることがほとんどである（配送まで依頼しておいて、到着しなかったのに商品の代金だけ支払う顧客はおらず、到着しなかったら商品売買自体も成立しないことがほとんどである）と考えられ、配当活動を別個の履行義務とすることは稀であると考えられます。

① 財の移転の収益認識時期

財の支配が移転した時点で収益認識します。国内販売等の出荷から到着まで数日のような場合には、出荷時点での収益認識も可能です（適用指針98）。

② 配送活動の収益認識時期

配送活動に係る履行義務が充足された時点（通常は、配達完了時）に収益を認識します。

なお、これに関しての税務上の取扱いは、会計と同じになります。

〈判断フロー〉

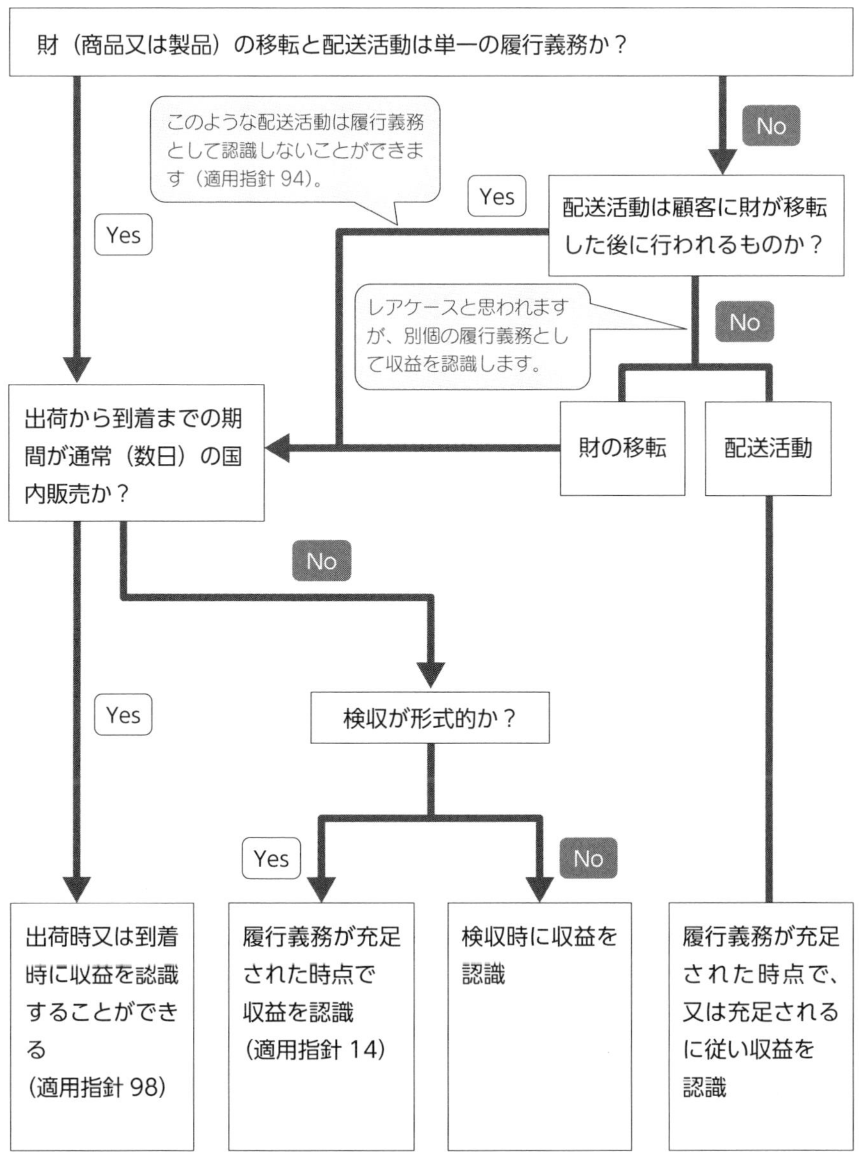

Chapter 3

2…事例①（代替的取扱い）

(1) 前提

- A社は小売業を行っており、本日10,000円を販売した。
- 販売に関して配送も承った。当社の配送活動は、顧客が別の宅配業者に持ち込むことも可能であるため、別個の履行義務と考えられるが、「顧客が商品又は製品に対する支配を獲得した後に行う配送活動」であると考えられるため、商品の移転に関する履行義務に含め、配送活動としては別個の履行義務としては認識しない（適用指針94）。
- 配送先は国内であり、明日には到着する予定である。配送活動代800円は商品代金とは別に受け取った。

(2) 従来の処理

会計　　（単位：円）

（出荷時）

㈩ 売掛金	11,880	㈾ 売上	10,800
		仮受消費税	1,080

(3) 適用後の処理

会計　　（単位：円）

（出荷時）

㈩ 売掛金	11,880	㈾ 売上	10,800
		仮受消費税	1,080

※代替的取扱い（適用指針94）により、従来と同様です。

法人税

会計と同じ（申告調整なし）です。

3…事例②（単一の履行義務）

(1) 前提

- A 社は卸業を行っており、本日 10,000 千円を出荷した。
- 配送活動に関しても A 社が手配しており、得意先に届けるまでが注文内容であるため、配送活動は、商品の移転に関する履行義務と不可分である。
- 配送先は国内であり、明日には到着する予定である。配送サービス代は 10,000 千円の中に含まれている。

(2) 従来の処理

[会計]　（単位：千円）

（出荷時）

(借) 売掛金	11,000	(貸) 売上	10,000
		仮受消費税	1,000

(3) 適用後の処理

[会計]　（単位：千円）

（出荷時）

(借) 売掛金	11,000	(貸) 売上	10,000
		仮受消費税	1,000

※商品の移転と配送活動が単一の履行義務であり、かつ、明日には届く国内販売のため、全体として出荷時に収益認識を行うことが可能です（適用指針 98）。その場合、結果として従来と同様の処理となります。

[法人税]

会計と同じ（申告調整なし）です。

IFRS15号適用会社の開示例

【中外製薬株式会社　2018年12月期有価証券報告書】

経理の状況≫連結財務諸表≫連結財務諸表注記≫重要な会計方針≫収益

> 収益
> 2018年1月1日より適用される方針
> 製商品売上高：製商品の販売は「製商品売上高」として計上しております。
> 製商品売上高は、製商品の支配が顧客に移転することによって顧客との契約における約束（履行義務）が充足されたときに認識しております。約束された製商品の支配とは、当該製商品の使用を指図し、当該製商品からの残りの便益のほとんどすべてを獲得する能力を指しております。支配は、引き渡しと顧客検収条項に従い、一般的に出荷もしくは引き渡し、顧客の製商品の受領時に移転します。

【伊藤忠商事株式会社　2019年3月期第3四半期報告書】

経理の状況≫要約四半期連結財務諸表≫要約四半期連結財務諸表注記≫重要な会計方針≫

> 「商品販売取引に係る収益」及び「役務提供及びロイヤルティ取引に係る収益」は、顧客との契約に係る履行義務が充足された時点、すなわち当社グループが提供する財またはサービスに対する支配が顧客に移転した時点で認識しております。また、対価が変動性のある金額を含んでいる場合には、認識した収益の累計額の重大な戻入れが生じない可能性が非常に高い範囲内でのみ、変動対価を取引価格に含めております。
> 取引形態ごとの収益認識基準は次のとおりです。
> (商品販売取引)
> 商品販売を収益の源泉とする取引には、卸売、小売、製造・加工を通じた商品の販売等があります。これらの取引については、顧客への商品の引渡し、倉庫証券の交付、検収書の受領等、契約上の受渡し条件が履行された時点をもって履行義務が充足され、収益を認識しております。

【住友商事株式会社　2019年3月期第3四半期報告書】

経理の状況≫要約四半期連結財務諸表≫要約四半期連結財務諸表注記≫重要な会計方針≫

> 収益の主要な区分におけるそれぞれの収益認識基準、本人代理人の判定に関する基準は以下のとおりであります。
>
> ①　商品販売に係る収益
>
> 商品販売による収益には、卸売、小売、製造・加工を通じた商品の販売、不動産の開発販売などが含まれております。当社は、これらの収益を個々の契約内容に応じ、引渡、出荷、または検収時点など、約束した商品を顧客に移転することによって履行義務を充足した時に認識しております。顧客による検収条件は、契約内容や顧客との取り決めにより定められるものであり、事前に取り決めた仕様を満たさない場合には、最終的な検収終了まで収益は繰延べられることとなります。当社は原則として、販売した商品に欠陥等がない限り返品を受け付けないこととしております。

Q3-25

Step2

配送活動の取扱いについてはどのように変更されるのですか？（輸出がある場合）

Answer.

基本的には、FOBの場合には船積み時、CIFの場合には到着地での荷揚げ時に収益認識です。税務上も同様です。

1…配送活動は別個の履行義務か？その収益認識時期

(1) 概要

Q3-24（国内販売のみ）と同様です。

(2) 履行義務を識別する際の要件

Q3-24（国内販売のみ）と同様です。なお、輸出の場合には、貿易条件として、下記があります。

FOB (Free On Board)	売手は輸送元の港で船積みするまでの費用及び危険を負担し、船積み以降は買手が費用及び危険を負担する
CIF (Cost, Insurance and Freight)	売手は到着地の港で荷揚げするまでの費用及び危険を負担し、荷揚げ以降は買手の負担となる

また、配送活動に関しては顧客が商品又は製品に対する支配を獲得した後に行う配送活動については、別個の履行義務とすることが不要です（適

用指針94）。

したがって、FOBにおいては、船積み時点で、財に対する支配が顧客に移転していると考えられ、船積み時点で財の移転に係る収益認識を行います。また船積み時点で顧客は財に対する支配を獲得するため、それ以降の配送活動は履行義務とする必要はなく、配送活動に係る収益も、船積み時点で認識することが可能です（適用指針94）。

一方、CIFにおいては、船積み時点では、財に対する支配が顧客に移転しているとはいえず、到着地の港で荷揚げされた時点で財の移転に係る収益認識になると思われます。また、到着地の港で荷揚げされた時点で財に対する支配が顧客に移転しますので、それ以降の配送活動は別個の履行義務とみる必要はありません。つまり、配送活動に係る収益も到着地の港で荷揚げされた時点で認識可能です。CIFにおいては、荷揚げのタイミングをつかむ仕組みが必要です。

したがって、取引条件についても検討課題となる可能性があります。また、FOBやCIF以外の条件の場合には、当該条件の内容を検討し、顧客に支配が移転していると考えられるタイミングで、財・サービスの移転と配送活動に係る収益を認識します。

なお、これに関しての税務上の取扱いは、会計と同じになります。

2…事例

(1) 前提

- A社は卸業を行っており、本日10,000千円（消費税免税）を船積みした。
- 貿易条件はFOBである。船積みまでの配送に係る対価は上記に含まれている。

(2) 従来の処理

会計 （単位：千円）

（船積み時）

㈰ 売掛金	10,000	㈫ 売上	10,000

(3) 適用後の処理

会計

従来の処理と同様です。

Q3-26

Step5

工事契約や受注制作ソフトウェアにおける進行基準の要件はどう変わるのですか？

Answer.

一定の期間にわたって収益の認識をする要件を満たし、かつ、進捗度の見積りが可能な場合、一定期間にわたって収益認識します。また、進捗度の見積りが不能な場合でも原価回収基準により収益認識する場合もあります。なお、法人税及び消費税の取扱いは会計と同様になります。

1…会計上の論点：一定期間にわたって収益を認識する判断（二段階）

(1) 一定期間にわたって収益認識するための要件

工事契約や受注制作ソフトウェアの収益認識を一定期間にわたって行う場合、従来の基準（企業会計基準第15号「工事契約に関する会計基準」又は実務対応報告第17号「ソフトウェア取引の収益の会計処理に関する実務上の取扱い」）は、工事収益総額、工事原価総額及び決算日における工事進捗度につき信頼性をもって見積もれることを要件としています。

これに対し、当会計基準等によると次頁図（Q1-8で示したフローチャートの要約版）のように、第一段階として、一定期間にわたって収益認識するための3つの要件のいずれかを満たしているか検討します（Q3-6参照）。例えば、以下の場合は一定期間にわたって収益認識するための要件

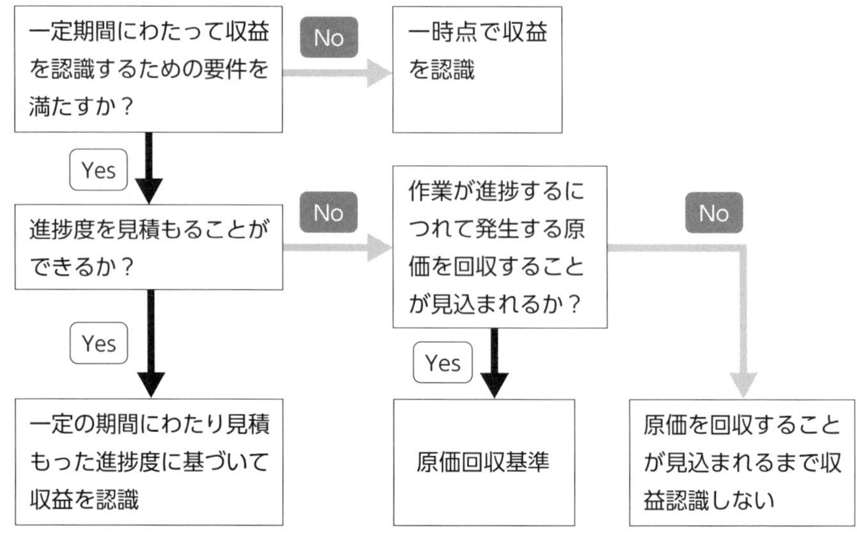

を満たします（会計基準38）。

- 工事契約において顧客の土地の上に建物の建設を行う場合
- 受注制作ソフトウェアにおいて顧客仕様のソフトウェアの制作をする場合

3つの要件のいずれも満たしていない場合、一時点で収益認識を行う方法で収益認識を行うことになります（会計基準39）。

なお、工期がごく短い案件は検収時点で収益を認識することができます。この「ごく短い」とする工期の期間を例えば1年とするのか3か月とするのかは各社の判断になると考えられます。

(2) 進捗率の見積り

第二段階として、一定期間にわたり収益認識するための要件を満たしている案件について、見積総作業時間に対する実際に発生した作業時間の割合等により進捗率を見積もれるか検討します。

この見積りにあたっては、総作業時間の精度の高い見積り及び実際に発生した作業時間の正確な集計等を行うことができる内部管理体制が必要になります。

(3) 進捗率の見積りができない場合

進捗率の合理的な見積りができない場合、一時点で収益認識を行うことになります（会計基準44）。

ただし、進捗率の合理的な見積りができない場合でも、作業が進捗するにつれて発生する原価を回収することが見込まれる場合（粗利益がマイナスにならないと見込まれる場合）には原価回収基準を適用します。すなわち、進捗率の合理的な見積りが可能になるまで、回収することが見込まれる原価の金額で収益を認識します（Q3-6参照）。

2…事 例

(1) 前提

- A社はB社仕様のソフトウェア制作を請け負う契約を1,000千円で受注した。
- 制作するソフトウェアはB社仕様のものであり、制作途中で他社へ転用することが事実上できない（多大なコストがかかる）。
- B社との請負契約書上、B社都合により契約が途中解除となった場合に完成したフェーズまでの代金を受領することができる旨の明文規定はない。しかし、同様の契約について、途中解約までに生じたコストに適正なマージンを加えた額を受け取れる裁判例がほぼ確立していることから、対価を受領する強制力のある権利が発生するとA社は考えている。
- A社は進捗率を合理的に見積ることはできないが、作業が進捗するにつれて発生する原価を回収することを可能と見込んでいる。
- 1年目に発生した原価は300千円、2年目に発生した原価は400千円であった。
- A社は2年目にB社の検収を受け、完成したソフトウェアを引き渡した。
- 契約の変更、値引、瑕疵等は発生していない。

(2) 従来の処理（完成基準）

[会計]

1年目

（単位：千円）

(借) 仕掛品	300	(貸) 未払金	330
仮払消費税	30		

2年目

(借) 売上原価	700	(貸) 仕掛品	300
仮払消費税	40	未払金	440
(借) 売掛金	1,100	(貸) 売上高	1,000
		仮受消費税	100

[法人税]

会計と同じ（申告調整なし）です。

(3) 適用後の処理（原価回収基準）

[会計]

1年目

（単位：千円）

(借) 売上原価	300	(貸) 未払金	330
仮払消費税	30		
(借) 売掛金	330	(貸) 売上高	300
		仮受消費税	30

2年目

(借) 売上原価	400	(貸) 未払金	440
仮払消費税	40		
(借) 売掛金	770	(貸) 売上高	700*
		仮受消費税	70

*完成して検収を受けたため、残りの全額を売上計上します。

法人税

法人税においても、基本的には会計と同様の処理が認められています（法基通 2-1-21 の 4、2-1-21 の 5）。

ただし、税務上の長期大規模工事の要件（①工期 1 年以上、②請負対価 10 億円以上、③請負対価の 2 分の 1 以上が引渡しの期日から 1 年以上経過する日後に支払われることが定められていないこと）をすべて満たすと税務上、いわゆる工事進行基準が強制されます。この時、進捗率を合理的に見積もることができないために会計上、いわゆる工事完成基準を適用すると税務調整が必要になります。

しかしながら、税務上の長期大規模工事の要件に該当する案件を受注するような企業であれば、通常、精度の高い進捗率の見積りが可能な内部管理体制が整備されていると考えられるので、税務調整が必要とならざるを得ないケースは稀といえるでしょう。

【コラム】～強制のある権利～

工事契約や受注制作ソフトウェアの収益認識を一定期間で行う場合、契約が顧客都合で途中解約になったとしても作業が完了した分について対価を収受する強制力のある権利（以下、「強制力のある権利」という）の有無を法令や判例等に照らして判定することが必要になります。しかしながら、実務上、顧客との力関係等の事情により、強制力のある権利が契約書に記載されていないケースが多いと思われます。契約書に記載がないと強制力のある権利を有していないと判定することになってしまうのでしょうか。

顧客都合で途中解約となった場合でも作業が完了した分まではコストに適正なマージンを加えた額を請負側が収受できる裁判例がほぼ確立していますので、強制力のある権利を有していると判定して差し支えないと思われます。

Q3-27

Step3

割賦販売取引など、入金までの期間が長い売上取引を行う会社の金利相当分の調整方法はどう変わるのですか？

Answer.

- 今までの日本の会計実務として認められてきた割賦基準は認められません。
- 入金までの期間が長い売上取引についても収益認識の５ステップに従い収益認識を行いますが、重要な金融要素がある場合には、当該部分の金額を算定し金融収益として認識を行います。
- 法人税の取扱いは会計と同様になります。
- 消費税法上は金融要素を区分せず総額で考えるため、会計と差異が生じます。

1…会計上の論点：重要な金融要素の区分

(1) 重要な金融要素

ステップ３の取引価格の算定においては、契約における重要な金融要素の影響を考慮する必要があります。重要な金融要素を含む場合とは、例えば支払を長期の分割払いにすることにより、顧客が財・サービスを利用できる状態を確保しながらも、支払時期を延べるというメリットを享受するような場合を言います。なお、重要な金融要素は、契約に明記されているか、支払条件に含意されているか否かに関わらず存在する可能性があります。

(2) 重要な金融要素が含まれるか、重要であるかの判断

金融要素が契約に含まれるか、金融要素が契約にとって重要であるかを判断するにあたっては、次の事項を含む、関連するすべての事実と状況を考慮します（適用指針27）。

① 財・サービスの現金による販売価格との差額

② 財・サービスを顧客に移転する時点と顧客が支払を行う時点との間の期間の長さと市場金利の影響

(3) 会計処理方法

顧客との契約に重要な金融要素が含まれる場合、約束した対価の額に含まれる金利相当分の影響を考慮する必要があります（会計基準56）。すなわち、財・サービスを現金で売買した際の価格で収益を認識し、金利相当分は金融収益として金融商品会計基準に従い処理することになります。

ただし、財・サービスを顧客に移転する時点と顧客が支払を行う時点の間が１年以内であると見込まれる場合には、金融要素の影響を考慮せずに会計処理を行うことが認められています（会計基準58、適用指針128）。

2…会計上の論点：割賦販売の会計処理

重要な金融要素を考慮すべき取引として割賦販売があります。

割賦販売について、日本においては従来から特殊な会計処理が認められていました。企業会計原則によると、商品を引き渡した日に認識する「販売基準」を原則的な会計処理方法としながらも、例外として割賦基準、すなわち、割賦代金の回収期限が到来した日に収益を認識する「回収期限到来基準」、又は割賦代金の入金の日をもって収益を認識する「回収基準」を認めていました。

しかし、当会計基準等適用後は割賦基準による会計処理は認められません。

したがって、当会計基準等に従った収益認識を行うとともに、対価に重要な金融要素が含まれる場合には、金利相当分の影響を考慮した会計処理

を行う必要があります。また、対価に重要な金融要素が含まれるか否かの判断は、契約の文言などの形式面ではなく、実質面を考慮して行います。

3…事 例

(1) 前提

- A 社はパソコンの販売（小売）を行っている。
- 商品代金について、顧客は一括での入金の他に、分割での支払方法も選択可能である。
- 分割支払の場合においても、分割金利手数料は A 社が負担することを謳い、好評を博している。
- A 社のライバル店の多くは、現金での販売価格を 354,000 円と設定している。
- A 社は、現金での販売、36 回の分割払いのいずれにおいても販売価格を 360,000 円としている。

(2) 従来の処理（割賦基準（回収期限到来日基準））

会計

1 年目　（単位：円）

㈹	現金	132,000	㈾	売上	120,000
				仮受消費税	12,000

2 年目

㈹	現金	132,000	㈾	売上	120,000
				仮受消費税	12,000

3 年目

㈹	現金	132,000	㈾	売上	120,000
				仮受消費税	12,000

※消費税は延払基準を適用すると仮定しています。

[法人税]

会計と同じ（申告調整なし）です。

(3) 適用後の処理（当会計基準等に従った収益と金融収益を認識）

[会計]

1年目 （単位：円）

(借) 割賦売掛金	390,000	(貸) 売上	354,000 *1
		仮受消費税	36,000 *2
(借) 現金	132,000	(貸) 割賦売掛金	128,713
		受取利息	3,287 *3

2年目

(借) 現金	132,000	(貸) 割賦売掛金	129,995
		受取利息	2,005 *3

3年目

(借) 現金	132,000	(貸) 割賦売掛金	131,292
		受取利息	708 *3

＊1　通常の現金での販売価格

＊2　消費税は取引開始時に総額を課税売上とします。

360,000 × 10 % = 36,000 円

＊3　約束した対価である360,000円の現在価値が、通常の現金での販売価格354,000円と等しくなるような利率は1.1 %と算定される（次頁［コラム］参照）。この1.1 %を、金融収益を算定するための利率とする。

重要な金融要素の金額の算定は、契約における取引開始日において、A社と顧客との間で独立した金融取引を行う場合に適用されると見積もられる割引率を使用します（次頁［コラム］参照）。この割引率は、取引開始日において決定し、以後見直しは行いません。

法人税

会計と同じ（申告調整なし）です。

なお、法人税法上、資産の販売等に係る収益の計上時期については目的物の引渡し又は役務の提供の日（検収日、作業結了日など）の属する事業年度が原則ですが、一般に公正妥当と認められる会計処理の基準（公正処理基準）に従って引渡し等の日に近接する日（仕切計算書到達日など）の属する事業年度とすることも認められます。ただし、割賦基準における回収日は近接する日には該当しないため、法人税法上も割賦基準は認められません（法22条の2第1項及び第2項）。

IFRS15号適用会社の開示例

【株式会社クボタ　2018年12月期有価証券報告書】

経理の状況≫連結財務諸表等≫連結財務諸表注記≫重要な会計上の判断、見積り及び仮定≫重要な会計方針≫収益認識

販売金融収益

当社は、ディーラーを通して当社の農業機械等を購入した最終ユーザーに対して小売金融またはファイナンス・リースを提供しております。これらの収益は売上高に含まれております。

小売金融に係る収益については、IFRS第9号[*1]に従い、契約期間にわたって実効金利法により利息収入を認識しております。ファイナンス・リースに係る収益については「(8) リース」に記載した方法で認識しております。

＊1　IFRS第9号「金融商品」

【コラム】～実効金利法とは？～

重要な金融要素の算定にあたっては、実効金利法を用いて計算を行います。実効金利法に用いる割引率（計算利子率）は、約束した取引対価の現在価値が、財・サービスの現金販売価格と等しくなるような利率です。

約束した取引対価（上記の例における360,000円）と財・サービスの現金販売価格（上記の例における354,000円）がわかれば、割引率1.1％が自動的に算定されます。

実効金利法により算出した金利（年率）：1.1% r

（単位：円）

	a	b	c=b-d	d=a× r ÷12		e=a-c
回数	債権計上額	受取額	元本分	金利		残債額
1	354,000	10,000	9,677	323		344,323
2	344,323	10,000	9,686	314		334,636
3	334,636	10,000	9,695	305		324,941
4	324,941	10,000	9,704	296		315,237
5	315,237	10,000	9,713	287		305,525
6	305,525	10,000	9,722	278		295,803
7	295,803	10,000	9,730	270		286,073
8	286,073	10,000	9,739	261		276,334
9	276,334	10,000	9,748	252		266,585
10	266,585	10,000	9,757	243	1年目	256,828
11	256,828	10,000	9,766	234	金利合計	247,062
12	247,062	10,000	9,775	225	3,287円	237,287
13	237,287	10,000	9,784	216		227,504
14	227,504	10,000	9,793	207		217,711
15	217,711	10,000	9,802	198		207,909
16	207,909	10,000	9,811	189		198,099
17	198,099	10,000	9,819	181		188,279
18	188,279	10,000	9,828	172		178,451
19	178,451	10,000	9,837	163		168,614
20	168,614	10,000	9,846	154		158,767
21	158,767	10,000	9,855	145		148,912
22	148,912	10,000	9,864	136	2年目	139,048
23	139,048	10,000	9,873	127	金利合計	129,174
24	129,174	10,000	9,882	118	2,005円	119,292
25	119,292	10,000	9,891	109		109,401
26	109,401	10,000	9,900	100		99,501
27	99,501	10,000	9,909	91		89,591
28	89,591	10,000	9,918	82		79,673
29	79,673	10,000	9,927	73		69,746
30	69,746	10,000	9,936	64		59,809
31	59,809	10,000	9,945	55		49,864
32	49,864	10,000	9,955	45		39,909
33	39,909	10,000	9,964	36		29,945
34	29,945	10,000	9,973	27	3年目	19,973
35	19,973	10,000	9,982	18	金利合計	9,991
36	9,991	10,000	9,991	9	708円	0
		360,000	354,000	6,000		

Q3-28

Step3

前受金に重要な金融要素が含まれる場合、どのように会計処理を行いますか？

Answer.

前受けした代金に重要な金融要素が含まれる場合、金利影響分を考慮した会計処理を行います。すなわち、売手は支払利息を認識します。

法人税の取扱いは会計と同様になります。

消費税は権利確定時に課税売上を認識するため、金融要素の認識時点とは差異が生じます。

1…会計上の論点：前受金に重要な金利要素が含まれる場合には、支払利息を認識する

Q3-27の割賦販売取引のように、売手から買手に対して長期間にわたり代金の支払を猶予する取引の場合、売手において受取利息を認識する場合があります。

これとは反対に、売手に対して買手が代金を前払いするような場合、すなわち、売手に前受金が生じるような場合においてその前受金に重要な金融要素が含まれる場合には、売手は支払利息を認識することになります。

重要な金融要素が含まれるか、重要であるかの判断（適用指針27）については、Q3-27を参照してください。

2…事 例

(1) 前提

- A社は船舶の製造・販売を行っている会社である。
- A社は新型の船舶の販売価格を1,000百万円(税抜)と設定しており、同種製品についてはライバル社もほぼ同水準の価格設定となっている。
- A社の同製品の納入時期は、受注してから1年半後である。
- A社は、発注時に970百万円と対応する消費税相当分97百万円(合計1,067百万円)を前払いした顧客に対しては、当該金額を販売価格とすることとし、追加で料金を徴収しないこととしている。この場合における、本来の販売価格との差額30百万円は金利相当である。また、当該970百万円及び消費税相当分97百万円は、実際に製品が納入されなかった場合には全額返金されることとなっている。

(2) 従来の処理

会計 (単位:百万円)

(前受金の受取時点)

(借) 現金	1,067 *	(貸) 前受金	1,067

*取引価格970百万円+消費税97百万円=1,067百万円

当会計基準等適用前は重要な金融要素を識別しないことも多くありました。したがって、ここではそれを前提としています。

商品の引渡時

(借) 前受金	1,067	(貸) 売上	970
		仮受消費税	97

法人税

会計と同じ(申告調整なし)です。

(3) 適用後の処理

会計

（単位：百万円）

（前受金の受取時点）

㈰ 現金	1,067 *	㈮ 契約負債	1,067

＊取引価格 970 百万円 + 消費税 97 百万円 = 1,067 百万円

（利息の認識）

㈰ 支払利息	30 *	㈮ 契約負債	30

＊上記仕訳では利息総額 30 百万円を 1 つの仕訳として示していますが、実際に会計処理を行う際には期間配分を行うことが必要となります。

（商品の引渡し時）

㈰ 契約負債	1,097	㈮ 売上	1,000
		仮受消費税	97

法人税

会計と同じ（申告調整なし）です。

【コラム】～代金の支払タイミングと金融要素の関係～

収益を計上する企業からみて、割賦販売のように代金回収が繰り延べられる場合には受取利息が発生し（Q3-27）、代金の前受けが生じるような場合には支払利息が発生します（Q3-28）。

これらの関係性をまとめると以下のようになります。

重要な金融要素の発生

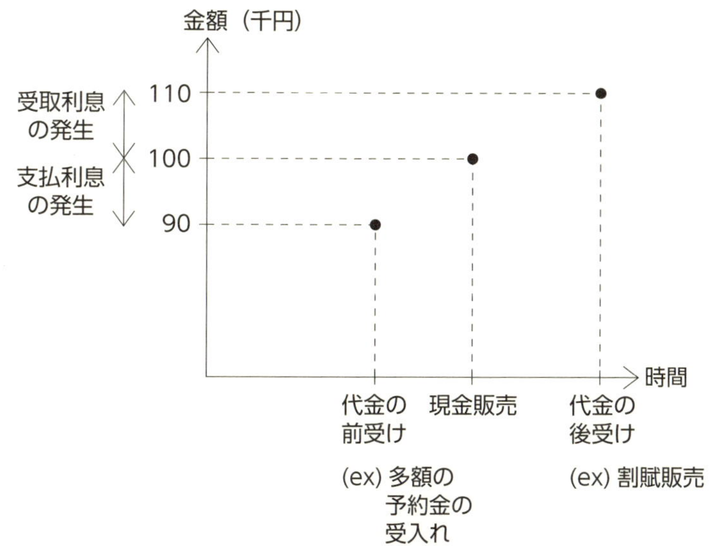

Q3-29

Step1～5

当会計基準等は、重要性等で取扱いが変わることはないのですか？

Answer.

重要性等に関して 11 項目の代替的な取扱いが追加的に定められている一方で、代替的な取扱い等を設けなかった項目も存在します。

1…重要性等に関する代替的な取扱い

(1) 概要

当会計基準等では、財務諸表の比較可能性を大きく損なわせない範囲内で代替的な取扱いが認められています（適用指針 164～181）。

なお、企業による過度な負担を回避するため、金額的な影響を集計して重要性の有無を判定する要件は設けていません。

以下は代替的な取扱いを記載していますが、それについての原則的な取扱いは、【参照 QA】を参照してください。

(2) 11 項目の代替的な取扱い

① 契約変更―重要性が乏しい場合の取扱い

【代替的取扱い】

契約変更による財・サービスの追加が既存の契約に照らして重要性に乏しい場合は、独立した契約として処理する方法、既存の契約を解約して新しい契約を締結したものとして処理する方法、既存の契約の一部として処理する方法のいずれも認められます。

【ここがポイント✎】

原則は、変更した契約が一定の要件を満たすか否かで独立した契約として処理をするかを判断することになりますが、重要性が乏しい場合にはどの方法で処理をしてもいいことになります。

【参照 QA】Q1-4、Q3-1

② 顧客との契約の観点で重要性が乏しい場合の取扱い

【代替的取扱い】

約束した財・サービスが顧客との契約の観点で重要性に乏しい場合は、当該約束が履行義務であるのかについて評価しないことができます。

【ここがポイント✎】

契約における取引開始日に、顧客との契約において約束した財・サービスが履行義務であるか否かを評価するのが原則ですが（会計基準32）、当該財・サービスが顧客との契約の観点で重要性が乏しい場合には、その評価自体を省略することができます。重要性が乏しいかどうかの判定にあたっては、財・サービスの定量的・定性的な性質を考慮し、契約全体における相対的な重要性を検討します。

判断のポイント
・定量的な性質
・定性的な性質
・契約全体における重要性

契約	財・サービス	契約の観点での重要性の判断	履行義務か否かの評価
顧客との契約	財・サービスA	重要性あり	行う
	財・サービスB	重要性乏しい	省略できる

【参照 QA】Q1-5

③　出荷及び配送活動に関する会計処理の選択

【代替的取扱い】

顧客が商品又は製品に対する支配を獲得した後に行う出荷及び配送活動については、履行義務として識別しないことができます。

【ここがポイント✎】

ここでイメージされているのは、百貨店での買い物のように、顧客が買い物を済ませた後、百貨店の配送サービスを利用し、購入したものを自宅等に送る取引です。このような場合ですと、商品又は製品の支配は顧客に移転済みであり、その後に残っている出荷及び配送活動につき、履行義務として認識しないことができる、という内容です。つまり、出荷及び配送活動が残っていても、商品又は製品に係る収益を認識することが可能です。

業者間の取引においては、出荷及び配送を行う前に商品又は製品についての支配が顧客に移転していることは稀であると思われるため、当代替的な取扱いについては、小売りにおける取引が基本的には想定されていると考えられます。

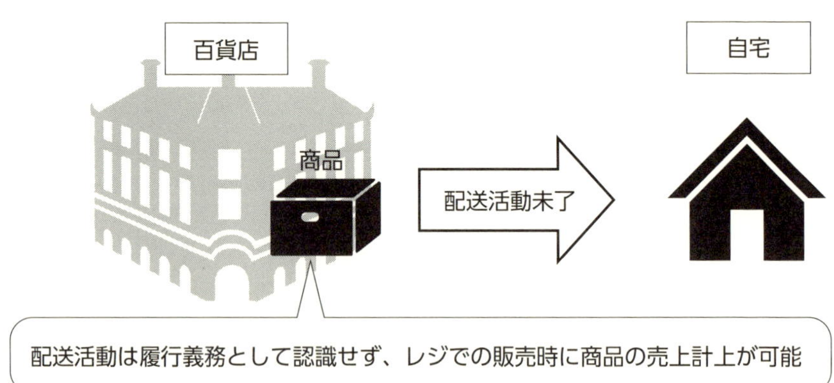

【参照 QA】 Q1-5、Q3-24

④　期間がごく短い工事契約及び受注制作のソフトウェア

【代替的取扱い】

一定の期間にわたり収益を認識せず、完全に履行義務を充足した時点で収益を認識することができます。

【ここがポイント✎】

工期がごく短いものは、通常、金額的な重要性が乏しいと考えられるため、一定の期間にわたり収益を認識せず、完全に履行義務を充足した時点で収益を認識することができます。なお、当該代替的な取扱いが適用できるのは、工事契約及び受注制作のソフトウェアのみに限定されています。

【参照QA】 Q1-8、Q3-26

⑤ 通常の期間の船舶による運送サービス

【代替的取扱い】

発港地から帰港地までの期間が通常の期間である場合には、複数の顧客の貨物を積載する船舶の一航海を単一の履行義務としたうえで、当該期間にわたり収益を認識することができます。

【ここがポイント✎】

ここでいう期間には、運送サービスの履行に伴う空船廻航（貨物を積んでいない状態での航海）期間を含み、運送サービスの履行を目的としない船舶の移動や待機の期間は含みません。

また、契約の結合は、関連当事者を含む同一の顧客の契約についてしか行うことができない（会計基準27）のが原則的な取扱いですが、複数の顧客の貨物を積載する船舶の一航海を単一の履行義務として取り扱うことが認められています。

複数の顧客の貨物を積載する船舶の一航海

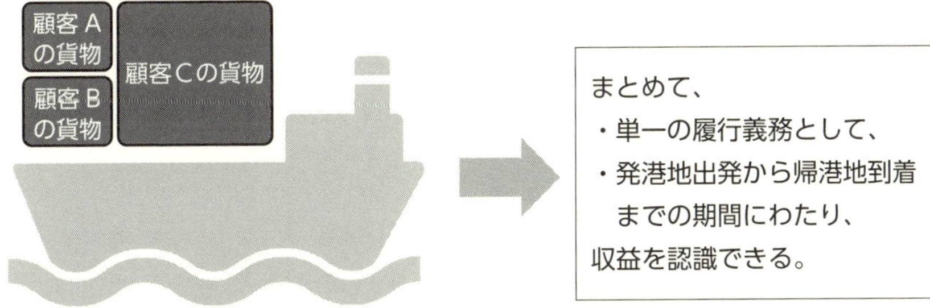

【参照QA】 Q1-4、Q1-8、Q3-6

⑥ 出荷基準等の取扱い

【代替的取扱い】

国内で販売する商品又は製品について、出荷時から支配移転時点（例えば検収時）までの期間が通常の期間である場合には、支配移転時までの一時点（出荷時等）に収益を認識することができます。

【ここがポイント✎】

原則的には支配の移転時点に収益を認識することになり、当該支配の移転時点は、検収が形式的でない限り、基本的には検収時点と考えられます。しかし、出荷から検収までが通常数日間であると考えられる国内販売の場合には、収益認識のずれも数日間とインパクトが小さいことから代替的取扱いが定められ、出荷時点での収益認識が可能です。これにより、従来から出荷基準を採用していた企業につき、国内販売で、出荷から検収までが数日間の取引については、従来と同様の出荷基準での収益認識が可能になります。

数日間を何日と捉えるかはケースバイケースですが、当該期間の収益額を試算し、その重要性で判断することとなると思います。

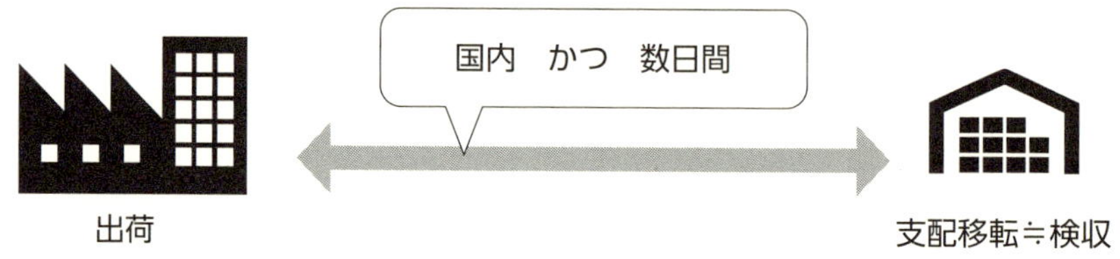

【参照 QA】Q1-8、Q3-24

⑦　契約初期段階における原価回収基準の取扱い

【代替的取扱い】

契約の初期段階において、履行義務の充足に係る進捗度を合理的に見積ることができない場合には、当該進捗度を合理的に見積もることができる時から収益を認識することができます。

【ここがポイント✎】

契約の初期段階においては、その段階で発生した費用の額に重要性が乏しいと考えられるため、契約の初期段階において履行義務の充足に係る進捗度を合理的に見積ることができない場合、当該進捗度を合理的に見積ることができる時から収益を認識する（原価回収基準を適用する）ことができます。

【参照 QA】 **Q1-8、Q3-6**

⑧　重要性が乏しい財・サービスに対する残余アプローチの使用

【代替的取扱い】

履行義務の基礎となる財・サービスについて、その独立販売価格が直接観察できず、契約において付随的なものであり、重要性が乏しい場合には、残余アプローチを使用することができます。

【ここがポイント✎】

取引価格を各履行義務に配分する際、独立販売価格の比率に基づき配分します。しかし、独立販売価格が直接観察できない（はっきりしない）場合、例えば、①調整した市場評価アプローチ、②予想コストに利益相当額を加算するアプローチ、③残余アプローチと呼ばれる各方法を用います。このうち、残余アプローチは、販売価格か確定していない、もしくは、大きく変動している場合で、残余アプローチを適用する財・サービスが主たる財・サービスに付随的なものであり、かつ、重要性が乏しい場合には、使用することができます。この残余アプローチを適用できるケースは極めて限定的と言われています。

【参照 QA】 **Q1-7、Q3-4**

⑨　契約に基づく収益認識の単位及び取引価格の配分

【代替的取扱い】

以下の要件をいずれも満たす場合には、個々の契約の財・サービスの内容を履行義務とみなし、個々の契約の金額に従って収益を認識することができます。

1）　顧客との個々の契約が当事者間で合意された取引の実態を反映する実質的な取引単位と認められること

2）　顧客との個々の契約における財・サービスの金額が合理的に定められており、独立販売価格と著しく異ならないと認められること

【ここがポイント✎】

同一の顧客（当該顧客の関連当事者を含む）と同時又はほぼ同時に締結した複数の契約について、一定の場合には、当該複数の契約を結合すること

が原則とされています。しかし、これまでの実務慣行や実務の過度な負担を考慮し、上記1）及び2）の要件をいずれも満たす場合には、個々の契約の金額に従って収益を認識することができます。

例えば、システムベンダーの会社（当社）が、受注制作ソフトウェアの販売契約（契約A）と、当該ソフトウェア用の汎用サーバーの販売契約（契約B）を別々に締結したとします。原則的な処理をすると2つの契約を結合しなければならない場合だとしても、上記の要件を満たせば契約AとBの契約ごとの金額に従って収益を認識することができることになります。

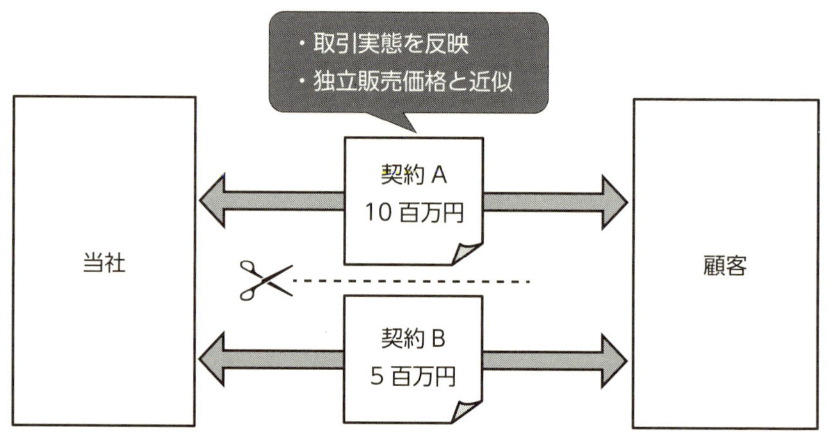

【参照QA】Q1-4

⑩　**工事契約及び受注制作のソフトウェアの収益認識の単位**

【代替的取扱い】

当事者間で合意された実質的な取引の単位を反映するように複数の契約を結合した際に、収益認識の時期及び金額において原則的な方法との差異の重要性が乏しいと認められる場合には、当該複数の契約を結合し、単一の履行義務として識別することができます。

【ここがポイント】

上記⑨では契約の結合をしなくてもよい代替的取扱いについて述べました。

これとは反対に、関連当事者の関係にない複数の顧客との（複数の）契約について、当事者間で合意された実質的な取引の単位を反映するように複数の契約を結合した際に、収益認識の時期及び金額において原則的な方法との差異の重要性が乏しいと認められる場合には、当該複数の契約を結合して単一の履行義務として処理できる代替的取扱いが定められています。

例えば、建設業の会社（当社）が、施主と商業ビルの設計・建設契約（契約A）を締結し、当該商業ビルに入居予定のテナントと内装工事契約（契約B）を締結したとします。施主とテナントに関連当事者の関係がない場合、原則的には契約AとBは結合できないことになります。しかし、上記の要件を満たせば契約AとBを結合して収益を認識することができることになります。

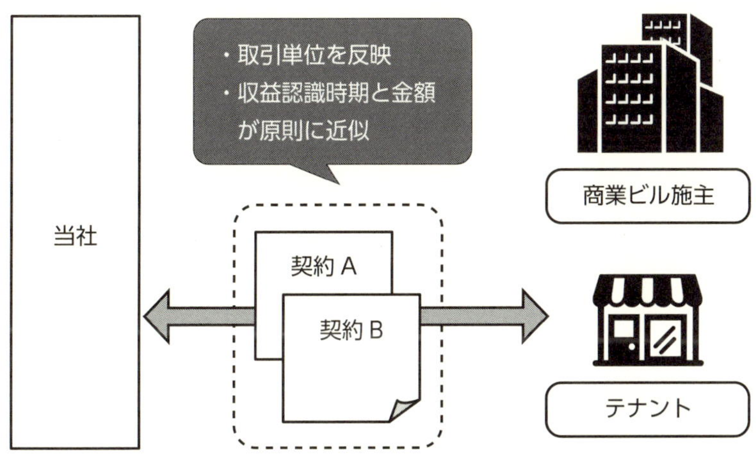

【参照QA】Q1-3

⑪ 有償支給取引

【代替的取扱い】

有償支給取引において、企業が支給品を買い戻す義務を負っている場合には、支給品の譲渡時に当該支給品の消滅を認識しないのが原則的な方法です。しかし、支給先において在庫管理が行われている場合もあることや従来の実務において支給品の譲渡時に当該支給品の消滅を認識していること等の理由から、個別財務諸表においてのみ支給品の譲渡時に当該支給品の消滅を認識することができます。なお、この場合にも収益は認識しません。

【ここがポイント✎】

支給先の会社が連結子会社等、連結財務諸表を構成する会社（以下、「連結子会社等」という）の場合、連結財務諸表上、支給先（連結子会社等）にある支給品を棚卸資産として認識することになるため、この代替的取扱いを適用すると、結局のところ、従来と同様の処理（支給元の会社の個別財務諸表で支給品の消滅を認識し、連結財務諸表で当該支給品を認識する処理）になります。

一方、支給先の会社が連結子会社等でない場合、この代替的取扱いを適用したとしても、連結財務諸表上、支給先にある支給品を棚卸資産として認識しなければならない（個別財務諸表上で減少させた棚卸資産を元に戻す修正仕訳が必要となる）ため、連結子会社等でない支給先にある支給品の在庫管理をしなければなりません。

【参照QA】Q3-20

2…代替的な取扱い等を設けなかった項目

(1) 概要

上記のように重要性に関する代替的な取扱いが定められている一方で、代替的な取扱い等を設けなかった項目もあります（適用指針182〜188）

【参照QA】Q1-9

① 割賦販売における割賦基準に基づく収益計上

② 顧客に付与するポイントについての引当金処理

③ 返品調整引当金の計上

①〜③については、現行の実務における取扱いが当会計基準等の適用に伴い認められなくなる項目であり、当会計基準等を適用した場合に収益の額及び認識時期が現行の実務と大きく異なる可能性があると考えられることから代替的な取扱い等を設けていません。

④　変動対価における収益金額の修正

財・サービスを顧客に移転するタイミングで変動対価の額を見積もることが極めて困難な取引があると考えられるものの、半年ごと（第２四半期及び期末）に不確実性が解消される変動対価であれば、第１四半期及び第３四半期のみの限定的な取扱いとなることや、交渉によって対価の額が確定する取引については、見積りの判断を一意的に定めることが困難であると考えられるため、代替的な取扱いを設けていません。

⑤　契約金額からの金利相当分の区分処理

工事契約は個別性が高く、また出来高払いの条件は一般的ではなく、顧客から契約期間内に定期的に支払を受けるとしても、顧客からの支払と企業の履行の程度との関係が必ずしも明確であるとはいえず、約束した対価の額と現金販売価格との差額を識別することが困難であること等により、重要な金融要素の有無の判断に資する要件を一意的に定めることが困難であると考えられることから、代替的な取扱いを設けていません。

⑥　売上高又は使用量に基づくロイヤルティ

海外における売上高又は使用量に基づくロイヤルティ等、収益額を算定する際に発生時の計算基礎の入手が実務上困難であり、継続して契約によりロイヤルティ収入を受け取る場合には、現金を受け取る時点での収益認識を認める代替的な取扱いも考えられました。しかし、現金を受け取る時点で収益を認識することは、一般的に比較可能性を損なわせる可能性があると考えられることから、代替的な取扱いを設けていません。

⑦　顧客に付与するポイントに関する取引価格の配分

顧客に付与するポイントの会計処理について、履行義務と識別して独立販売価格の比率に基づく取引価格の配分を行うことの困難さから、代替的な取扱いを設けることも考えられましたが、現行の会計処理と当会計基準等適用後の会計処理の両方において一定の見積計算を伴う点では同様であり、必ずしも当会計基準等の適用によりコストが増加するとも言えないと考えられること、さらに、当会計基準等では顧客との契約の観点で重要性が乏しい場合の代替的な取扱いを定めているため、実務における負担が軽減される可能性があると考えられることから、代替的な取扱いを設けていません。

⑧　商品券等の発行の会計処理

商品券等の発行の会計処理について、一定期間経過後の一時点で負債の消滅を認識して収益計上する現行の会計処理を認める代替的な取扱いも考えられましたが、当会計基準等における非行使部分の見積りについては実務において著しく困難であるという意見はなかったため、代替的な取扱いを設けていません。

⑨　毎月の計量により確認した使用量に基づく収益認識

月末以外の日に実施する計量により確認した顧客の使用量に基づき収益の計上が行われ、決算月に実施した計量の日から決算日までに生じた収益が翌月に計上される現行実務があります。

決算月に実施した計量の日から決算日までに生じた収益を見積ることは困難であることから代替的な取扱いも考えられたが、見積りの困難性に係る評価が十分定まらず、代替的な取扱いの必要性について合意が形成されませんでした。

今後、会計基準の定めに従った処理を行うことが実務上著しく困難である旨が、企業会計基準委員会に提起された場合には別途の対応が図られる可能性があります。

資料

影響度調査における論点一覧表

当会計基準等への準備として影響度調査は欠かせない作業となります。影響度調査の具体的な方法は多くの文献、資料がでていますので詳細はそちらに譲りますが、何を調査すればよいかの参考資料として、いくつかの業種における代表的な商流について論点となりそうな一覧表を紹介しておきます。

【製造業】

◎：特に重要な論点／○：検討が必要な論点／△：発生頻度が低いと思われる論点

検討点＼売上パターン	契約及び実態の把握	同一顧客に同時期に提供する複数取引を結合するか否かの検討	値引、リベート、返品、ペナルティー等価格が変動する場合の検討	取引を分解した場合の売上代金の配分の検討	一時点で収益認識するか一定期間で収益認識するかの検討
ステップ	ステップ1	ステップ1	ステップ3	ステップ4	ステップ5
参照 Q&A	Q1-4	Q1-4	Q1-6 Q3-7 Q3-8 Q3-9	Q1-7	Q1-8 Q3-26 Q3-17
見込生産	◎	○	◎	○	△
受注生産	◎	△	△	△	△
受託開発	◎	△	△	△	○

当事者か代理人かの検討	製品の保証を行っている場合の検討	有償支給取引を行っている場合の検討	請求済未出荷契約がある場合の検討	配送活動を行っている場合の検討	開示の検討	重要性の検討
ステップ2	ステップ2	ステップ5	ステップ5	ステップ2	-	-
Q3-13	Q3-12	Q3-20	Q3-22	Q3-24 Q3-25	-	-
○	◎	◎	◎	◎	◎	◎
△	◎	◎	◎	◎	◎	◎
△	◎	△	△	◎	◎	◎

【小売業】

◎：特に重要な論点／○：検討が必要な論点／△：発生頻度が低いと思われる論点

検討点＼売上パターン	契約及び実態の把握	同一顧客に同時期に提供する複数取引を結合するか否かの検討	追加作業等で契約が変更になった場合の検討	別々の履行義務か単一の履行義務かの検討	値引、リベート、返品、ペナルティー等価格が変動する場合の検討	重要な金融要素を含んでいるかどうかの検討	取引を分解した場合の売上代金の配分の検討	一時点で収益認識するか一定期間で収益認識するかの検討
ステップ	ステップ1	ステップ1	ステップ1	ステップ2	ステップ3	ステップ3	ステップ4	ステップ5
参照 Q&A	Q1-4	Q1-4	Q1-4	Q1-5	Q1-6 Q3-7 Q3-8 Q3-9	Q1-6 Q3-27 Q3-28	Q1-7	Q1-8 Q3-6 Q3-26
店舗販売	◎	△	△	△	◎	○	△	△
ネット販売	◎	△	△	△	◎	○	△	△
フランチャイズザー（オーナー）	◎	◎	◎	◎	◎	○	◎	◎
フランチャイジー	◎	△	◎	△	◎	○	◎	△

製品の保証を行っている場合の検討	当事者か代理人かの検討	ポイントや商品券を発行している場合の検討	入会金等を受け取っている場合の検討	ライセンスを供与している場合の検討	委託販売取引を行っている場合の検討	請求済未出荷契約がある場合の検討	配送活動を行っている場合の検討	開示の検討	重要性の検討
ステップ2	ステップ2	ステップ2	ステップ5	ステップ2 ステップ5	ステップ5	ステップ5	ステップ2	-	-
Q3-12	Q3-13	Q3-10 Q3-11 Q3-19	Q3-14	Q3-16 Q3-17 Q3-18	Q3-21	Q3-22	Q3-24 Q3-25	-	-
◎	△	◎	△	△	○	○	◎	◎	◎
◎	◎	◎	△	△	○	○	◎	◎	◎
○	△	△	◎	◎	○	△	△	◎	◎
△	○	△	△	△	○	△	○	◎	◎

資料

【物流業】

◎：特に重要な論点／△：発生頻度が低いと思われる論点

検討点 売上パターン	契約及び実態の把握	同一顧客に同時期に提供する複数取引を結合するか否かの検討	追加作業等で契約が変更になった場合の検討	別個の履行義務か単一の履行義務かの検討
ステップ	ステップ1	ステップ1	ステップ1	ステップ2
参照 Q&A	Q1-4	Q1-4	Q1-4	Q1-5
国内配送	◎	△	△	△
海外配送	◎	△	△	◎
倉庫業	◎	◎	◎	◎

値引、リベート、返品、ペナルティー等価格が変動する場合の検討	取引を分解した場合の売上代金の配分の検討	一時点で収益認識するか一定期間で収益認識するかの検討	製品の保証を行っている場合の検討	開示の検討	重要性の検討
ステップ3	ステップ4	ステップ5	ステップ2	-	-
Q1-6 Q3-7 Q3-8 Q3-9	Q1-7	Q1-8 Q3-6 Q3-26	Q3-12	-	-
◎	△	△	◎	◎	◎
◎	◎	△	◎	◎	◎
◎	◎	◎	◎	◎	◎

【不動産業】

◎：特に重要な論点／○：検討が必要な論点／△：発生頻度が低いと思われる論点

検討点／売上パターン	契約及び実態の把握	同一顧客に同時期に提供する複数取引を結合するか否かの検討	追加作業等で契約が変更になった場合の検討	別個の履行義務か単一の履行義務かの検討	値引、リベート、返品、ペナルティー等価格が変動する場合の検討
ステップ	ステップ 1	ステップ 1	ステップ 1	ステップ 2	ステップ 3
参照 Q&A	Q1-4	Q1-4	Q1-4	Q1-5	Q1-6 Q3-7 Q3-8 Q3-9
開発分譲	◎	◎	◎	◎	◎
賃貸	○	△	△	△	△
管理	○	△	△	△	△
仲介	○	△	△	△	△
売買	○	△	△	△	△

取引を分解した場合の売上代金の配分の検討	一時点で収益認識するか一定期間で収益認識するかの検討	当事者か代理人かの検討	製品の保証を行っている場合の検討	開示の検討	重要性の検討
ステップ4	ステップ5	ステップ2	ステップ2	–	–
Q1-7	Q1-8 Q3-6 Q3-26	Q3-13	Q3-12	–	–
○	◎	○	◎	◎	◎
△	△	○	△	◎	◎
△	△	○	△	◎	◎
△	△	△	△	◎	◎
△	△	△	◎	◎	◎

【ソフトウェア業】

◎：重要と思われる論点／○：検討が必要な論点／△：発生頻度が低いと思われる論点

売上パターン＼検討点	契約及び実態の把握	同一顧客に同時期に提供する複数取引を結合するか否かの検討	追加作業等で契約が変更になった場合の検討	別個の履行義務か単一の履行義務かの検討
ステップ	ステップ1	ステップ1	ステップ1	ステップ2
参照 Q&A	Q1-4	Q1-4	Q1-4	Q1-5
請負契約（＊1）	○	○	◎	○
セット販売（ハードウェア＋ソフトウェア、ソフトウェア＋保守等）	○	○	◎	◎
ライセンス販売	○	△	△	△

＊1　建設業における請負契約も同様

値引、リベート、 返品、ペナルティー 等価格が変動する場合の検討	重要な金融要素を含んでいるかとうかの検討	取引を分解した場合の売上代金の配分の検討	一時点で収益認識するか一定期間で収益認識するかの検討	開示の検討	重要性の検討
ステップ3	ステップ3	ステップ4	ステップ5	-	-
Q1-6 Q3-7 Q3-8 Q3-9	Q1-6 Q3-27 Q3-28	Q1-7	Q1-8 Q3-6 Q3-26	-	-
○	◎	○	◎	◎	◎
○	◎	◎	◎	◎	◎
△	△	△	◎	◎	◎

資料

【メディア業】

◎：重要と思われる論点／○：検討が必要な論点／△：発生頻度が低いと思われる論点

検討点 売上パターン	契約及び実態の把握	同一顧客に同時期に提供する複数取引を結合するか否かの検討	追加作業等で契約が変更になった場合の検討	別個の履行義務か単一の履行義務かの検討	値引、リベート、返品、ペナルティー等価格が変動する場合の検討
ステップ	ステップ 1	ステップ 1	ステップ 1	ステップ 2	ステップ 3
参照 Q&A	Q1-4	Q1-4	Q1-4	Q1-5	Q1-6 Q3-7 Q3-8 Q3-9
広告代理	◎	◎	◎	◎	◎
コンテンツ配信	◎	◎	○	○	○
出版	◎	○	○	○	○

取引を分解した場合の売上代金の配分の検討	一時点で収益認識するか一定期間で収益認識するかの検討	当事者か代理人かの検討	ライセンスを供与している場合の検討	委託販売取引を行っている場合の検討	開示の検討	重要性の検討
ステップ4	ステップ5	ステップ2	ステップ2 ステップ5	ステップ5	-	-
Q1-7	Q1-8 Q3-6 Q3-26	Q3-13	Q3-15 Q3-17 Q3-18	Q3-21	-	-
◎	◎	◎	△	△	◎	◎
○	◎	○	◎	△	◎	◎
○	◎	○	△	○	◎	◎

著者紹介

貝沼　彩（かいぬま・あや）
公認会計士・税理士

公認会計士試験合格後、大手監査法人勤務、個人会計事務所勤務を経て、現在、貝沼公認会計士事務所代表。税理士法人みなと東京会計代表社員、爽監査法人社員。組織再編を始め、美容サロン開業、ミャンマー進出支援等の専門分野に精通し、その他企業研修や大学での講義を行う等、幅広い業務をワンストップで提供している。

著書に、『目的別　組織再編の最適スキーム』（清文社）、『債務超過会社の会社分割Q&A』（中央経済社）、監修図書に『失敗しない美容室開業BOOK』（日本実業出版社）、『公認会計士の仕事図鑑』（中央経済社）等がある。

照井 慎平（てるい・しんぺい）
公認会計士・税理士

大学在学中に公認会計士二次試験に合格。監査法人トーマツ（現　有限責任監査法人トーマツ）にてIPO支援業務を中心に国内監査業務に従事。

個人会計事務所を経てネクサス東京会計事務所を設立し代表に就任。

東光監査法人代表社員に就任。

輸出入に関する税務、事業計画策定支援、内部統制コンサルティング等を行いながら、セミナー開催、大学での講義などを行っている。

西澤 拓哉（にしざわ・たくや）
公認会計士・税理士

慶應義塾大学経済学部卒業。新日本監査法人（現　EY新日本有限責任監査法人）にて外資系企業の監査業務等を経験後、税理士法人で申告業務、中小規模監査法人代表社員を経て個人事務所を開業。税務業務のほか、内部統制コンサルティング等の各種経理サービス業務に従事。現在は、上場企業の開示資料作成支援、IPOコンサルティング等を中心に精力的な活動を行っている。

共著に『セグリゲーションのすすめ』（中央経済社）がある。

三上 光徳（みかみ・みつのり）
公認会計士・税理士

東京工業大学理学部卒業。監査法人トーマツ（現 有限責任監査法人トーマツ）にて銀行等金融機関、事業会社の法定監査業務の他、国際会計基準（IFRS）の導入支援、事業の収益性評価などのアドバイザリー業務に従事したのち独立。現在は、会計財務・WEBマーケティング分野のコンサルティングサービスを提供する他、代表を務めるフェニックスインターナショナルシステムズ株式会社にて海外進出企業向けのシステム開発事業を行っている。

現場の視点で疑問に答える
収益認識［会計・法務・税務］Q&A

2019年10月10日　発行

著　者　貝沼 彩・照井 慎平・西澤 拓哉・三上 光徳 ©

発行者　小泉 定裕

発行所　株式会社 清文社
東京都千代田区内神田1-6-6（MIFビル）
〒101-0047　電話03(6273)7946　FAX03(3518)0299
大阪市北区天神橋2丁目北2-6（大和南森町ビル）
〒530-0041　電話06(6135)4050　FAX06(6135)4059
URL http://www.skattsei.co.jp/

印刷：藤原印刷㈱

■本書の内容に関するお問い合わせは編集部までFAX(03-3518-8864)でお願いします。
■本書の追録情報等は、当社ホームページ（http://www.skattsei.co.jp/）をご覧ください。

ISBN978-4-433-64359-1